秋季
里的科学

沙金泰/编著

吉林出版集团有限责任公司

图书在版编目(CIP)数据

秋季里的科学 / 沙金泰编著. —长春:吉林出版
集团有限责任公司,2015.12(2021.5重印)
(青少年科普丛书)
ISBN 978-7-5534-9399-2-01

Ⅰ.①秋…　Ⅱ.①沙…　Ⅲ.①科学知识－青少年读物
Ⅳ.①Z228.2

中国版本图书馆CIP数据核字(2015)第285177号

秋季里的科学

作　　者 / 沙金泰
责任编辑 / 王　芳　冯津瑜
开　　本 / 710mm×1000 mm　1/16
印　　张 / 10
字　　数 / 55千字
版　　次 / 2015年12月第1版
印　　次 / 2021年5月第2次

出　　版/吉林出版集团股份有限公司（长春市福祉大路5788号龙腾国际A座）
发　　行/吉林音像出版社有限责任公司
地　　址/长春市福祉大路5788号龙腾国际A座13楼　　邮编：130117
印　　刷/三河市华晨印务有限公司

ISBN　978-7-5534-9399-2-01　　　定价 / 39.80元

C 目录
ONTENTS

秋季 QIU JI
里的气象知识
I DE QI XIANG ZHI SHI

　　秋季是收获的季节，很多植物的果实在秋季成熟。相对于夏季在北半球亚热带地区，秋季的气温明显下降。随着气温的下降，许多多年生植物的叶子会渐渐变色、枯萎、飘落，只留下枝干渡过冬天，而一年生的草本植物将会步入它们生命的终结。

观察与调查

我国大部分地区立秋时节并没有进入秋天

在我们的以往意识中，夏天是炎热的季节，秋天是凉爽的季节。可如果你认真地观察和体验，就会发现这种认识有很大的偏差。请你仔细观察我国部分城市立夏和立秋气温的比较，并结合各地的天气预报进行思考。是不是发现了前面提出的问题。

从表中可看出，立夏是春天刚刚结束，迈入夏季的第一天，按太阳光照来说，太阳光照辐射强度在继续加强，气温也在升高，当到夏至时太阳光照直射位置才开始向南回归线移动。这时太阳投射到地面的热量并没有完全散发到空中，地面的积累热量仍然很多，炎热一直持续到伏天以后，而伏天也正是立秋之日的时段。因此，立秋不会立即呈现气温下降现象，由于北方强冷空气南下，才为立秋添些凉爽之意。因而，立秋之日不一定

就进入了凉爽的季节，相反，立秋之时仍是炎热夏季的延续，只是早晚有一点凉爽而已，所以人们常常称这段时间是"秋老虎"，意思是立秋之时也就是初秋的气温是很高的。

2011年我国部分城市立夏气温比较

	北京 北纬 39°54'	哈尔滨 北纬 45°45'	沈阳 北纬 41°43'	郑州 北纬 34°34'	武汉 北纬 30°37'	长沙 北纬 28°12'	乌鲁木 齐北纬 43°46'	西安 北纬 34°16'	上海 北纬 31°12'	广州 北纬 23°21'	海口 北纬 20°3'
最高气温	26℃	14℃	18℃	29℃	30℃	30℃	22℃	31℃	28℃	26℃	34℃
最低气温	13℃	8℃	10℃	17℃	17℃	18℃	13℃	18℃	17℃	20℃	24℃

2011年我国部分城市立秋气温比较

	北京 北纬 39°54'	哈尔滨 北纬 45°45'	沈阳 北纬 41°43'	郑州 北纬 34°34'	武汉 北纬 30°37'	长沙 北纬 28°12'	乌鲁木 齐北纬 43°46'	西安 北纬 34°16'	上海 北纬 31°12'	广州 北纬 23°21'	海口 北纬 20°3'
最高气温	34℃	32℃	27℃	35℃	30℃	33℃	30℃	35℃	29℃	32℃	35℃
最低气温	24℃	8℃	22℃	17℃	26℃	23℃	19℃	24℃	26℃	26℃	26℃

秋老虎胜似酷暑盛夏

立秋，是二十四节气中的第十三个节气。立秋意味着炎热的夏天即将过去，秋天即将来临。但是农谚有"秋后一伏热死牛"的说法，这是因为立秋后第一个庚日起进入末伏，立秋后一时暑气难消，还有"秋老虎"的余威，但总体趋势是天气逐渐变得凉爽。我国古代将立秋分为三候："一候凉风至；二候白露生；三候寒蝉鸣。"意思是说立秋过后，刮风时人们

会感觉到凉爽，此时的风已不同于夏天的热风。接着，大地上早晨会有雾气产生，并且秋天感阴而鸣的寒蝉也开始鸣叫。

虽然人们普遍认为立秋后出现的高温天气就是"秋老虎"，但也有人提出不同的看法。

"秋老虎"应是"夏老虎"：立秋之后，也就是8月中上旬的"秋老虎"应是"夏老虎"。按照日平均气温连续5天在≤22℃—≥10℃时，首日作为秋季开始的划分标准，处暑节气之前中国华北、江淮、长江中下游、江南、华南的许多地区还正处在夏季，立秋节气过后的15天内，仍处在二伏和三伏期内，正是炎热之时。此时出现的高温天气实属正常，夏季本来就应该炎热，这时还没进入到气象意义上的秋天。

"秋老虎"应指先凉后热的天气。大气科学词典上说：秋老虎是我国民间对立秋节气之后重新出现短期炎热天气的俗称。这里的关键含义是天气变凉后再次出现的短期炎热天气，称为"秋老虎"。的确，每年8月22或23日的处暑之后，往往炎热程度减弱，早晚会感到秋天的信息。

提到"秋老虎"形成的原因，大气科学词典

提到：副热带高压又再度控制江淮流域，气温回升，形成了闷热天气。可见，南方处暑后，天气也有渐凉的表现，只不过没有北方那么明显。大气科学词典进一步指出："秋老虎"一般发生在8、9月之交以后，持续日数约一周至半月，甚至更长时间。有不少年份，立秋热，处暑依然热，故有"大暑小暑不是暑，立秋处暑正当暑"的说法，这种夏秋连热的情况出现，更加引起人们的关注，需更多提醒防暑降温。

一场秋雨一场寒，十场秋雨一身棉

俗话说："一场秋雨一场寒"，随着一场接着一场的雨水，已经有了入秋般的凉爽天气。清晨，一场雷阵雨敲开了九月金秋的大门，秋天的序幕正慢慢的拉开。至于"十场秋雨一身棉"，那仅是我们前人的一个简单统计结果，表明立秋过后大约两个半月的时间，天气就变成需要穿棉衣的

程度了，从节气上讲，此时已是接近"立冬"了。

按气候学划分四季标准，以下半年平均气温降到10℃以下为冬季，"立冬为冬日始"的说法与黄淮地区气候规律基本吻合。北京10月下旬已是一派冬天的景象，而长江流域的冬季要到"小雪"节气前后才真正开始。

据气象专家介绍，一年中的四季更替、冷暖变换，都与太阳辐射强弱变化有着直接的关系。进入秋季以后，在我们居住的北半球，太阳光照由"夏至"前后的直射地面而逐渐偏离赤道变为斜射，白天受太阳照射的时间一天一天在缩短，夜间的时间逐渐在延长。由此，地面得到太阳的"关照"比夏季昼长夜短时要少的多，地面吸收的热量与夏季相比也明显减少，地面蒸发到空气中的水分同时在降低，在这种状态下空中的云彩很少，即使有也是淡淡的一层。能见度很好，形成了天高云淡、秋高气爽的情景，也应对了"该热不热五谷不结，该冷不冷不呈年景"的谚语。随着季节变化，立秋后气温渐渐下降，昼夜温差大，逐日降温递减，平均4—5天降温约1℃左右。所以，一天冷似一天是正常年景特

征。

　　以上说明了天气
冷热变化与太阳周期
活动有着必然直接地
联系，这是其一。

　　其二，"一场秋
雨一场寒"的天气现
象与天气形势、气象
系统影响也密切相
关。入秋以后，北方
冷空气形成强大阵

势，夏季闷热天气的暖湿气团退让南撤，而聚
集在西伯利亚、蒙古及华北一带的冷空气向南
入侵，乃至中纬度、华东到华南区域。在冷空
气占据的地方，温度降低了，湿度减小了，地
面水蒸气也很微弱。在这种天气背景下，每下
一场雨，北方冷空气就跟随低槽后部下来一
股，冷空气的势力范围就向南扩展一次，冷空
气的强度跟随天气的变化也在不断加强。"一
场秋雨一场寒、十场秋雨一身棉"的道理及天
气变化的依据就在这里。

　　秋季的天气，白天多为晴空万里，夜晚的天
空又无云层遮盖，近地面层的热量可以自由散
发。加上昼短夜长日较差大的作用，白天吸收的
热量，不足以弥补夜间散发的热量，于是地表面
的温度下降的较多。因此，白天午间时分虽然有
些燥热，但早晚凉意浓浓，秋高气爽气候宜人。

同时，入秋后，平均气温在22℃及其以下徘徊，天气凉爽，人体舒适度指数增加，空气中相对湿度在40%以下，比较干燥，干爽的空气环境使得人身上的汗液很快挥发掉，身上穿的衣服、床上的被褥都有凉爽感。

生活气象指数

气象条件对城市居民生活的自然环境、生活方式、身体健康等方面都有重要的影响。

生活气象指数预报是以气象要素未来的短期变化为主线，综合分析气象条件变化对生活环境的影响，做出与人类生活息息相关，且为群众乐于接受的生活环境气象预报。其以指数的形式发布预报，既能使百姓理解，又做到了科学量化。生活气象指数种类繁多，因气候、地域、环境、经济发展水平、季节的差异，各地发布的生活气象指数预报都有所不同。

常见的城市生活气象指数涉及居民生活、市政保障、医疗保健、环境污染、商业活动、旅游服务、公共安全等。

居民生活气象指数：有紫外线指数、花粉浓度、人体舒适度、体感温度、穿衣指数、晨练指数、热浪指数、风寒指数、寒冷指数、炎热指数、晾晒指数、霉变指数等。

城市生活保障方面：有供水指数、空调开机指数、供暖指数等。

医疗气象指数：有中暑指数、感冒指数、冻伤指数、呼吸道疾病气象指数、脑血管疾病发病趋势、消化道疾病气象指数等。

环境污染气象指数：有空气质量等级、空气污染指数、污染扩散指数、大气清洁度、负离子气象指数等。

商业气象指数：有商场客流气象指数、空调销售指数、啤酒气象指数、冷饮气象指数、洗车气象指数等。

旅游气象指数：有景区客流指数、登山气象指数、滑雪气象指数、游泳气象指数、钓鱼气象指数等。

公共安全气象指数：有防火气象指数、火险等级、干燥指数、行车安全指数、公路通行气象条件等。

众多气象服务指数中以紫外线指数、

人体舒适度指数、空气污染指数、呼吸道疾病指数等尤为重要。紫外线辐射强度是指白天正午时间太阳光中的紫外辐射对人体的皮肤、眼睛等可能造成的损坏程度。过度的太阳照射可能损害皮肤和眼睛，严重的可能导致皮肤癌和白内障。人体舒适度主要是针对在不同的温度、相对湿度、风速等气象因子组合下人体的舒适感觉，一般认为以70%—80%的人感觉为判断标准。

为什么我国北方的春天和秋天特别短？

人们知道，春秋季节气候温和，夏季炎热而冬季寒冷。虽然一年四季，每3个月定为一季，单从时间上看，不存在季节长短的问题。但在我国比较通行的是用每候（5天为1候）平均气温在10℃为冷与暖的分界温度，在22℃为暖与热的分界温度。在10℃以下定为冬季，10—22℃之间为春秋季，在22℃以上为夏季，根据这个标准划分季节，各地的四季长短就

不相同了。

既然季节是按照温度来确定，那么温度升降的快慢就可以决定季节的长短。在我国北方，冬季太阳辐射很弱，照射时间又短，并且经常有冷空气的侵扰，温度很低。自1月最冷期后，太阳辐射逐渐加强，冷空气势力不断减弱，使温度逐步上升，天气逐步变暖。所以北方各地一般以3月到4月温度上升的幅度最大。如北京3月份的平均温度为4.4℃，这时天气还比较冷，4月为13.2℃，已成为春暖季节了。春季降水仍然不多，大风、空气干燥，太阳辐射又在继续加强，地面吸收的热量自然迅速增多，空气温度直上，经过不到两个月的春季就开始进入夏季了。例如北京5月平均温度已达到20.2℃，到了6月就升高到24.2℃。所以北方春季一般都比较短。

❧ 霜　冻 ❧

霜冻在秋、冬、春三季都会出现，是指空气温度突然下降，使植物体温降低到0℃以下而受到损害甚至死亡的农业气象灾害。其危害的机理是：（1）温度下降到0℃以下时，细胞间隙中的水分形成冰晶，细胞内原生质与液泡逐渐脱水和凝固，使细胞致死。解冻时细胞间隙中的冰融化成水很快蒸发，原生质因失水使植物干死。如果霜冻较轻，农作物还没有死亡，霜冻过后温

度逐渐上升，细胞慢慢解冻，还可以恢复生命活动。

玉米、大豆、棉花等秋收作物在成熟前对霜冻非常敏感。以玉米为例，如果在灌浆期遭受早霜冻，不仅影响品质，还会造成减产。当气温降至0℃时，玉米发生轻度霜冻，叶片最先受害。玉米灌浆的养料主要是叶片通过光合作用产生的，受冻后的叶片变得枯黄，影响植株的光合作用，产生的营养物质减少。由于养料减少，玉米灌浆缓慢，粒重降低。如果气温降至–3℃，就会发生严重霜冻，除了大量叶片受害外，穗颈也会受冻死亡。这样不仅严重影响玉米植株的光合作用，而且也会切断茎秆向籽粒传输养料的通道，灌浆被迫停止，常常造成大幅减产。

初霜冻出现时，如果作物已经成熟收获，即使再严重也不会造成损失，而我国北方地区常因初霜冻出现早，秋收作物还没有完全成熟就遭受霜冻危害，造成大面积减产。

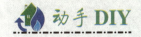
动手 DIY

❧ 棉球湿度计 ❧

空气的干湿程度叫做"湿度"。空气的湿度是气象中的一项重要物理量，空气湿度与天气的变化有很大的关联。因此，气象观测中不可忽视对空气湿度的观测。我们可以用简单的方法自己制作一个湿度计。

◎ 准备

三合板或密度板片、棉花、尼龙线、浓盐水、白胶、纸板、螺钉、硬币或其他重物、剪刀、手工锯、笔

◎ 过程

（1）画出两个相等的木条做底座，画出一个较长的木条做平衡杆。

（2）用手工锯截取底座和平衡杆的木条。

（3）把做底座的木条在中间位置锯出宽相当于板厚的锯口，并相互对应粘合。将平衡杆支架的一端也同样锯出一个锯口，粘合在底座上。

（4）在平衡杆中间部位和两端的位置各钻一个小孔，用螺钉穿过支架和平衡杆。注意，要使平衡杆能自由活动。

（5）在纸板上画出并剪下刻度表盘，贴在支架立杆上；用铜丝做一个Y形指针，并用大头针钉在平衡杆上。用尼龙线把重物系在平衡杆的一端，把用浓盐水浸过的棉花系在平衡感的另一端。

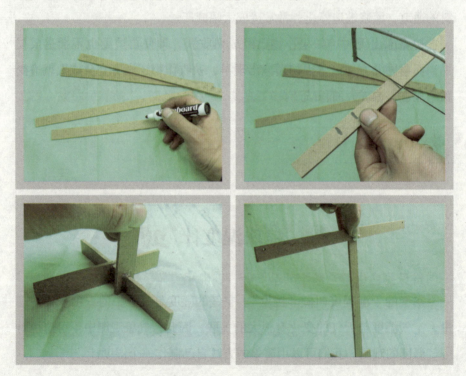

（6）调整平衡杆两面的重量使平衡杆两端处于平衡状态。

（7）观察平衡杆的状态，如果平衡杆发生偏移，向棉花球方向倾斜，那就是空气湿度增大。

◎ 柯博士告诉你

浸过浓盐水的棉花团，具有良好的吸水性能，因此，当空气中的湿度增大时，浸过盐水的棉花团就会吸收空气中的水分，并因水分增多使棉花团的重量加大，于是指针就会向系着棉花团的一侧偏转。

 小贴士

空气湿度与人的健康

水是人类赖以生存的物质基础，在我们周围的空气中，总含有一定比例的水蒸气，而适宜的空气湿度是人类生存所必要的自

然环境因素之一。

正是因为空气湿度影响着人体健康，所以人们在日常生活中，不仅要关注温度和晴雨，也要关注身边无时不在的空气湿度及其变化，因而空气湿度也成为天气预报的一项常数。

空气湿度过高时，人体汗液的正常蒸发受到阻碍，使脉搏加快，心脏、血液循环系统受影响，人们就会感到烦闷、无精打采、萎靡不振。湿度过小时，蒸发加快，干燥的空气易夺走人体的水分，使人皮肤干裂，口腔、鼻腔粘膜受到刺激，出现口渴、干咳、声嘶、喉痛等症状，极易诱发咽炎、气管炎、肺炎等病症。

日本早稻田大学的研究人员，通过搜集分析近百年来世界各国流行病的相关资料后发现：白喉、流感、百日咳、脑膜炎、哮喘、支气管炎等流行病多发期及死亡率高峰期均集中在干燥的12月至次年3月。导致上述疾病的原因就是空气湿度过低使病毒和细菌繁殖过快以及人体的免疫系统能力降低。

低温低湿，则可加速机体散热，人会感到寒冷，血管收缩，人体新陈代谢降低。长时间在湿度较大的地方（如高山、海岛）工作、生活，还容易患风湿性、类风

湿性关节炎等湿痹症。同时，由于空气干燥，还促使尘土飞扬，物体干裂，生活环境恶化。

空气过于干燥或潮湿，也会利于一些细菌、病菌的繁殖和传播。科学家测定，当空气湿度高于65%或低于38%时，病菌繁殖滋生最快；当空气湿度在45%—55%时，病菌的死亡率较高。

医学研究证明，在一般情况下，居室湿度达到45%—65%，温度在20—25℃时，人的身体、思维皆处于良好状态，无论工作、休息都可得到较好的效果。

温湿度传感器

温度与湿度是人们生产和生活中的一个十分重要的物理量。测量温度和湿度的一体化仪器，在科技发展中诞生了。

温湿度传感器是指能将温度量和湿度量转换成容易被测量处理的电信号的设备或装置。

温湿度传感器是一种电子测量仪器，它可以自动采集温度、湿度的数据，并可以自动测量采集到的数据，也可以把这些数据转换为电讯号传送出去，也可以自动记录下来。

温湿度传感器是气象观测部门观测空气温度、湿度变化的重要仪器；温湿度传感器在电子、制药、粮食加工、干燥、烟草、纺织、化工、生物工程、陶瓷冶金等生产中，监测生产环境、生

产材料、设施等的温度、湿度中大显身手；在保鲜、仓储、图书馆、博物馆等行业与领域也有广泛的用途。

例如，为了保护珍贵的图书资料，书库的空气温度、湿度是要适时监测的，以保证图书不被损坏或虫蛀。

空气湿度与生活品质

干燥的空气不仅会引发各种疾病，而且对人们的日常生活也有明显的破坏性，如家具变形、干裂、破损，木制地板翘起等。研究表明，不同物品对湿度的要求是不同的：

人体最有利的环境湿度：45%—65%

最有利的防病、治病环境：45%—55%

衣料、棉毛纺织品存放：40%—60%

蔬菜、水果存放：60%—70%

糖果、点心存放：40%—60%

粮食存放：50%—70%

计算机、通讯器材的使用：45%—60%

家具：40%—60%

可见，使人们生活在比较惬意的环境，其标准湿度应在40%—70%之间；而秋冬季节北方家庭室内湿度仅达10%—15%，干燥的空气每一分钟都在影响着您的正常生活。

为了了解室内空气的湿度，人们都在室内墙壁挂上空气温度湿度计。为了调节室内的空气湿度，人们在室内使用空气加湿器。

加湿器的用途

空气的湿度在农业生产、工业生产、科学实验的环境中有很大的影响，甚至会影响产品的质量。

因此，各种各样的空气加湿器被用在农业生产、工业生产和科学实验的环境中，以调整那里的空气湿度。

在电子厂、半导体厂、程控机房、防爆工厂等场所的湿度要求一般在40%—60%，如果相对湿度不够则会造成静电增高，使产品的成品率下降、芯片受损，甚至在一些防爆场所会造成爆炸。"静电轰击"所带来的危害是不可估量的，当空气湿度低于40%时是极易产生静电的，虽然人们采取了很多办法去除静电，而将空气湿度提高到45%以上是更为有效的办法之一。

纺织厂、印刷厂、胶片厂等场所的湿度要求一般都很高，如纺织厂的湿度要求一般在50%—85%之间，黄化工段防止静电、纺丝工段防止芒硝结晶都需要较高湿度，棉纤维的含湿量直接影响纤维强度。总之，纺织车间的空气调节以保证工艺需要的相对湿度为主。在印刷及胶片生产过程中，湿度不够会造成套色不准，纸张收缩变形，纸张粘连，产品质量下降等问题。

精密机械加工车床、各种计量室的湿度要求也很严格，例如精密轴承精加工、高精度刻线机、力学计量室、电学计量室等，如果湿度不够将造成加工产品精度下降、计量数据失真。

医药厂房、手术室等环境对湿度的要求更是具有必要性的，如果湿度不够将会造成药品等级下降、细菌增多、伤口不易愈合等问题。

另外，在卷烟、冷库保鲜、食品回潮、老化实验、文物保存、重力测试、保护装修、疗养中心等场所，对湿度的要求都是很高的。

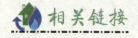
相关链接

秋季里的节气

立秋

立秋，是二十四节气中的第十三个节气，每年8月8日或9日立秋。到了立秋，梧桐树必定开始落叶，因此才有"落一叶而知秋"的成语。从文字角度来看，"秋"字由禾与火字组成，是禾谷成熟的意思。立秋是秋季的第一个节气，而秋季又是由热转凉，再由凉转寒的过渡性季节。

　　每年8月7日或8日视太阳到达黄经135°时为立秋。由于全国各地气候不同，秋季开始时间也不一致。立秋以后，我国中部地区早稻收割，晚稻移栽，大秋作物进入重要生长发育时期。立秋前后中国大部分地区气温仍然较高，各种农作物生长旺盛，中稻开花结实，单晚圆秆，大豆结荚，玉米抽雄吐丝，棉花结铃，甘薯薯块迅速膨大，对水分要求都很迫切，这时的干旱会给农作物最终收成造成难以补救的损失

　　立秋节气到了，但并不是秋天的气候已经到来了。划分气候季节要根据"气候平均温度"，即当地连续5日的平均温度在22℃以下，才算真正秋天的时节。中国地域辽阔，虽各地气候有所差别，但此时大部分仍是未进入秋天气候，况且每年大热三伏天的末伏还在立秋后第3日。尤其是中国南方此节气内还是夏暑之时，同时由于台风雨季渐去了，气温更是酷热，因而中国医学对从立秋起至秋分前这段日子称之为"长夏"。

处暑

　　处暑是二十四节气之一。处暑节气在每年8月23日左右，此时太阳到达黄经150°。据《月令七十二候集解》说："处，去也，暑气至此而止

矣。"意思是炎热的夏天即将过去了。虽然，处暑前后我国北京、太原、西安、成都和贵阳一线以东及以南的广大地区和新疆塔里木盆地地区日平均气温仍在22℃以上，处于夏季，但是这时冷空气南下次数增多，气温下降逐渐明显。

处暑是反映气温变化的一个节气。"处"含有躲藏、终止意思，"处暑"表示炎热暑天结束了。也就是说炎热的夏天即将过去，到此为止了。处暑以后，除华南和西南地区外；我国大部分地区雨季即将结束，降水逐渐减少。尤其是华北、东北和西北地区必须抓紧蓄水、保墒，以防秋种期间出现干旱而延误冬作物的播种期。

处暑的到来，意味着我国许多地区将陆续开始了夏季向秋季的转换。忍受了多日酷暑煎熬的人们，期盼着秋天的到来。但有些地区，特别是南方地区，秋天总是姗姗来迟，还会经常遭受秋老虎的困扰。秋老虎是我国民间指立秋以后短期的回热天气，一般发生在8、9月之交，持续日数约7—15天。形成秋老虎的原因是控制我国的西太平洋副热带高压秋季逐步南移，但又向北抬，在该高压控制下晴朗少云，日照强烈，气温回升。由于我国地域辽阔，秋老虎的表现略有所不同，如华南的秋老虎要比长江流域的来得迟。另外，每年秋老虎控制的时间有长有短，半个月至两个月不等；有时秋老虎来了去，去了又回头。秋老虎天气虽然气温较高，但总的来说空气干燥，阳光充足，早晚不是很热。

白露

白露是二十四节气之一，此时气温开始下降，天气转凉，早晨草木上有了露水。每年的9月7日前后是白露。我国古代将白露分为三候："一候鸿雁来；二候玄鸟归；三候群鸟养羞。"此节气正是鸿雁与燕子等候鸟南飞避寒，百鸟开始贮存干果粮食以备过冬的时候。可见白露实际上是天气转凉的象征。

白露是9月的第一个节气。露是由于温度降低，水汽在地面或近地物体上凝结而成的水珠。所以，白露实际上是表征天气已经转凉。这时，人们就会明显地感觉到炎热的夏天已过，而凉爽的秋天已经到来了。阳气是在夏至达到顶点，物极必反，阴气也在此时兴起。到了白露，阴气逐渐加重，清晨的露水随之日益加厚，凝结成一层白白的水滴，所以就称之为白露。

秋分

　　每年的9月22或23日，太阳到达黄经180°时为秋分节气。这一天太阳直射地球赤道，因此24小时昼夜均分，全球无极昼极夜现象。秋分之后，北极附近极夜范围渐大，南极附近极昼范围渐大。秋分日居于秋季90天之中，平分了秋季。

　　秋分时节，我国大部分地区已经进入凉爽的秋季，南下的冷空气与逐渐衰减的暖湿空气相遇，产生一次次的降水，气温也一次次地下降。此时，南、北方的田间耕作各有不同。在我国的华北地区有农谚说："白露早，寒露迟，秋分种麦正当时。"谚语中明确说明了该地区播种冬小麦的时间；而"秋分天气白云来，处处好歌好稻栽"则反映出江南地区播种水稻的时间。

　　在这时期，全国许多地区都开始进入了降水少的时段。秋分之后，我国大部分地区，包括江南、华南地区（热带气旋带来暴雨除外）的降雨日数和雨量进入了减少的时段，河湖的水位开始下降，有些季节性河湖甚至会逐渐干涸。在此期间，还有可能出现个别的热带气旋，但影响位置偏南，大多影响华南沿海等地，这时的台风除了大风灾害外，带来的雨水往往对当地的土壤保墒有利，因为10月以后这些地区先后会转入旱季。

秋季降温快的特点使秋收、秋耕、秋种的"三秋"大忙显得格外紧张，秋分正是收获的大好时节。

寒露

每年10月8日或9日视太阳到达黄经195°时为寒露。寒露的意思是气温比白露时更低，地面的露水更冷，快要凝结成霜了。

寒露时节，南岭及以北的广大地区均已进入秋季，东北和西北地区已进入或即将进入冬季。寒露以后，北方冷空气已有一定势力，我国大部分地区在冷高压控制之下，雨季结束。天气常是昼暖夜凉，晴空万里，对秋收十分有利。我国大陆上绝大部分地区雷暴已消失，只有云南、四川和贵州局部地区尚可听到雷声。华北10月份降水量一般只有9月降水量的一半或更少，西北地区则只有几毫米到20多毫米。干旱少雨往往给冬小麦的适时播种带来困难，成为旱地小麦争取高产的主要制约因素之一。海南和西南地区在这时一般仍然是秋雨连绵，少数年份江淮和江南也会出现阴雨天气，对秋收秋种有一定的影响。

霜降

每年 10 月 23 日前后，太阳到达黄经 210 度时为二十四节气中的霜降。霜降是秋季的最后一个节气，是秋季到冬季的过渡节气。秋晚地面上散热很多，温度骤然下降到 0℃以下，空气中的水蒸气在地面或植物上直接凝结形成细微的冰针，有的成为六角形的霜花，色白且结构疏松。

霜降节气含有天气渐冷、开始降霜的意思。纬度偏南的南方地区，平均气温多在 16℃左右，离初霜日期还有三个节气。在华南南部河谷地带，则要到隆冬时节，才能见霜。当然，即使在纬度相同的地方，由于海拔高度和地形不同，贴地层空气的温度和湿度有差异，初霜期和霜日数也就不一样了。霜降时节，凉爽的秋风已吹到花城广州，东北北部、内蒙东部和西北大部平均气温已在 0℃以下。

秋季 QIU JI
里的动植物知识
LI DE DONG ZHI WU ZHI SHI

秋季的凉风吹来气温大幅的下降，山野大地间也在改变着颜色，绿叶一片的景象在悄悄消失，接着被染上了一片片的金黄、橘黄、红色、一直到枯黄一片。

❧ 秋季的植物 ❧

　　秋季是寒冷的冬季到来之前的过渡季节，植物在经过一春一夏的成长后，大展风姿，为大地涂上了生命的绿色。现在，植物或是走完了自己灿烂的一生，为生命画上了圆满的句号；或是该进入冬眠时节稍作休息，来年重新发出绿芽继续着生命的历程。

　　在北方的处暑以后，大地田野中的玉米、水稻等已露出成熟的状态，玉米长长的叶子从根部向上渐渐变黄，水稻沉甸甸的稻穗点头向下。9月中下旬前后农作物开始收割；伏天播种的一些萝卜白菜等秋菜还在地里生长旺盛，即将进入收割阶段。南方的晚稻或玉米等粮食作物，也是在当地的晚秋开始收获，不过南方的晚秋是在霜降之后。

　　入秋以后，山林、原野的植物早已失去夏日茂盛的风采，也有一些野花争先开放，各种野草已接近枯黄。北方的树木率先应时令有了反应，落叶的杨树、榆树等阔叶树木的叶子开始变黄，有的变红，常绿树木仍透着

墨绿色，满山五彩缤纷的色彩令人陶醉。在南方，晚秋季节，清爽过后枫树、红栌等树的叶子就会变成红色，漫山遍野的各种树木的叶子，有的变成了黄色，有的变成了橘黄色，有的变成了橘红色，有的还是绿色，当然也有少数落叶树木脱掉了夏装，一眼望去山坡五彩斑斓，景色蔚为壮观。

为什么春夏之际的树叶都是油绿一片，而到了晚秋季节许多树木都会按着自己的"意愿"变成了不同的颜色呢？

秋天的落叶植物大多都会出现落叶现象。这是落叶植物渡过寒冷季节的一种橘黄适应。深秋或初冬时节，由于气温降低，根的吸收作用减弱，植物的水份供给困难，影响了植物的光合作用和蒸腾作用。此时叶子进入衰老状态。衰老的叶子一方面由于产生抑制叶子脱落的生长素的数量减少，另一方面又形成了大量的能使叶子脱落的脱落酸。因此，在秋季植物的叶子随着天气的逐渐变冷，而逐渐脱落。落叶是植物保持体内水分，安全过冬的一种很好的适应现象。当冬季来临时它们会安全过冬，到了来年春天它们会重新长出新的枝芽和绿叶。

另一些常绿树木它们不惧严寒，所以，在秋季到来时并没有什么变化，但是它们也结了不少的果实，特别是营养丰富的的松子更受人们的喜爱。

至于那些一年生的各种野草，它们已完成了一生的生命过程逐步地枯死，种子已经成熟，并开始传播等待来年萌发。

中国民间有"八月桂花遍地开，桂花开放幸福来"的民谚，这里的八月，是指农历八月，正值秋季。农历八月，古称桂月，由此可见八月正是赏桂的最佳时期。我国的湖北咸宁、湖南桃源、江苏苏州、广西桂林、浙江杭州和四川成都是全国有名的桂花家乡。

苏州、杭州把桂花定为市花。苏州、上海建有桂花公园，桂花荟萃争先在金秋季节斗艳开放。各地游人趁着秋高气爽游览，一睹各种桂花的风采，沁闻桂花的馨香。

秋天是每棵树最美的季节，而成林的树更是壮观浩瀚，自有一种独特的气质。傍晚时分漫步林中，夕阳笼罩，宛如身处一幅画卷中，这画面色调温暖，有一种摄人心魄的静态美，让人从心底里感知到秋天的到来……

为过冬忙碌的小动物

在有四季变化或有寒冷到来地方的动物，它们为了适应生存环境，都会采取不同的办法渡过盛夏酷热，或是渡过冰冷严寒。

寒冷的冬季，大批的植物或休眠或死亡被冰雪覆盖，水面也结了厚厚的一层冰，因此许多动物失去了食物来源。寒冷低温又会使许多动物饥寒交迫无法生存，但动物中许多适应环境的本能使它们安全地度过了寒冷的冬季。科学家们通过观察研究，发现动物大致分成直接过冬、南北迁徙、冬眠三种不同的过冬形式。

不同的动物，有不同的习性，也有不一样的过冬的形式。因而在秋季，它们也忙碌地做着不同地准备。猪、马、牛、羊、虎、猴、狼等是恒温动物，到了冬天，它们的体温基本上还和夏天一样，大致不变，有些鸟类也是这样的。不过这些动物在秋末冬季来临之前多会大量进食，增加营养使自己长得肥肥胖胖的，储存了大量的脂肪，并且还会换上一身厚厚暖和的冬装。

另有一些动物它们惧怕寒冷，但它们不惧路途遥远可以南北迁徙。它们迁徙到远隔千里甚至更远的地方，逃避寒冷，到有食物的地方去大饱口福并躲过寒冷。据有关科研人员通过实时监测，青海湖大部分斑头雁的南迁于8月下旬至9月初开始，最远迁飞里程达123.3公里，到达西藏雅鲁藏

布江流域。在途中主要中转停留在该省玛多县境内的冬给措那湖、鄂陵湖、扎陵湖、黑海等黄河水系的湿地，停留1到2个月。越冬集中在拉萨河谷、拉萨附近的周林湿地、雅鲁藏布江流域、日喀则等地。

还有一些动物因为种种原因，它们不会迁徙到很远的地方去，大概是它们不具备迁徙的本能。比如，熊这种凶猛的大型哺乳动物，它们虽然强壮，但要是让它们行走几千公里也是不太可能。刺猬也是一样，蜗牛走起来更费劲，两栖动物青蛙，它们更经不起路途的缺水。所以这些动物只好留下来冬眠。因此，在秋季天气渐冷的时候，它们到处寻找适宜的地方，用自己的方法过冬。

蚂蚁、田鼠等在秋末冬天来临前贮存许多食物，修好巢穴，冬天躲在巢穴里面，不出来活动。松鼠在快入冬时把找好的食物分散挖洞埋起来，然后到了冬天，在树洞里睡大觉，饿了就起来把埋好食物挖出来吃。另外，它们的腮里可以放进十八颗瓜子当做小零食，先塞满了再去睡。秋天来临，当气温下降时，冬眠动物体温刚好保持在免于冻死的水平，它们在冬眠时可以几个月不吃不喝，也不会饿死。

❧ 迁徙鸟类的长途旅行 ❧

　　黑龙江的扎龙自然保护区，每年夏季都会有近400只丹顶鹤在这里生活，野生的丹顶鹤一般到了10月下旬，会迁移到江苏盐城过冬，来年的3月才重又回到东北。

　　青海湖赤麻鸭的迁徙大部分于10月下旬开始，最远迁飞里程2 113.11公里，到达缅甸孟加拉湾，在迁飞途中没有一定的停歇地。越冬地分为两个区域，一个在四川省境内大渡河流域的泸定和红龙地区；一个在缅甸伊洛瓦江流域和印度布拉马普特拉河流域。

　　青海湖的渔鸥于10月下旬开始迁飞，最远迁飞里程1 916.99公里，到达印度布拉马普特拉河入海口，迁飞过程中没有一定的停歇中转地，越冬在印度布拉马普特拉河流域、恒河平原。

  燕子是一种典型的候鸟，在秋季，它们总要进行每年一度的长途旅行，成群结队地由北方飞向遥远的南方，去那里享受温暖的阳光和湿润的天气。那么，燕子为什么要南飞过冬呢？原来燕子是以昆虫为食的，且它们一直习惯于在空中捕食飞虫。在北方的冬季是没有飞虫可供燕子捕食的，食物的匮乏使燕子不得不每年都要来一次秋去春来的南北大迁徙，以得到更为广阔的生存空间，燕子也就成了鸟类家族中的"游牧民族"了。

  黄色和黑色的美洲王蝶看起来非常弱小。为了躲避冬天的严寒，它们可以飞行几千英里，最长距离的迁徙是从美国北部或加拿大南部迁徙到墨西哥中部米却肯州的蝴蝶谷，这段路程超过3 400英里（约5 471公里）。在每次迁徙过程中，并不是每只美洲王蝶都能完成这个伟大的历程。为了完成这个伟大的历程，它们甚至边迁徙边停下来繁殖后代。这对于瘦弱的蝴蝶来说，堪称弱者的伟大历程。

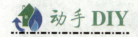

松树种子标本制作

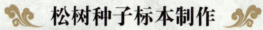

有些树木秋天时种子才能成熟，油茶树和红松树就是这样的树木，它的种子是油料作物，具有丰富的植物油脂。让我们采集一些这样的种子做出标本。

◎ 准备

树种、塑料袋或透明小瓶、纸板、笔、胶带纸、标签纸

◎ 过程

（1）把采集并晾干的种子装入玻璃管中，用胶带纸把玻璃管管口与管盖接口处封好。

（2）用纸板做一个纸盒，把玻璃管放到纸盒中。

（3）用胶带纸把玻璃管和纸盒粘牢。

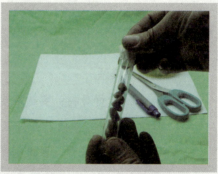

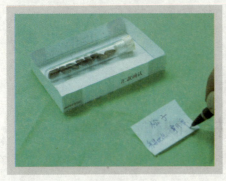
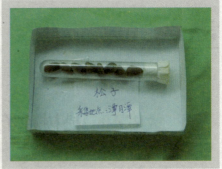

（4）剪一个标签纸写好标签，并贴在纸盒的适当位置。

（5）松树种子标本做好了。

提示：

在春天为你选定的树用相机拍下开花、结果等几幅图片，记录它们开花、结果的图像，把照片也贴在标本盒中适当的位置那就更好了。

 小贴士

树种采集法

1. 选好母树：要选取生长健壮、性状良好、结实正常的优良母树，单采、单收、采好、采净。

2. 适时采种：要根据不同树种，注意观察种子的成熟期，外表颜色较深、种仁饱满、坚韧而有光泽的种子是已成熟的。

3. 保护树木：要保护好母树及母树林，取果实或果穗要用适当工具，防止损伤枝条。

油茶树

油茶，原指茶子树，是常绿小乔木，因其种子可榨油供食用，所以得名油茶树。油茶与油棕、油橄榄和椰子并称为世界四

大木本食用油料植物。茶油的不饱和脂肪酸含量高达90%，远远高于菜油、花生油和豆油，维生素E含量与橄榄油相比其高出一倍，并含有山茶甙等特定生理活性物质，具有极高的营养价值。油茶具有很高的综合利用价值，茶籽粕中含有茶皂素、茶籽多糖、茶籽蛋白等，它们都是化工、轻工、食品、饲料工业产品等的原料，茶籽壳还可制成糠醛、活性炭等，茶壳还是一种良好的食用菌培养基。研究表明，油茶皂素还有抑菌和抗氧化作用。此外，油茶还是优良的冬季蜜粉源植物，花期正值少花季节，10月上旬至12月，蜜粉极其丰富。在生物质能源中油茶也有很高的应用价值。同时，油茶又是一个抗污染能力极强的树种，对二氧化硫抗性强，抗氟和吸氯能力也很强。因此油茶林具有保持水

土、涵养水源、调节气候的生态效益。

红松的花和种子

　　红松是著名的珍贵经济树木，树干粗壮，大的两个人手拉手都抱不过来。树高入云，挺拔顺直，是天然的栋梁之材。红松材质轻软，结构细腻，纹理密直通达，形色美观又不容易变形，并且耐腐朽力强，所以是建筑、桥梁、枕木、家具制作的上等木料。即使是红松的枝芽、树皮、树根也可用来制造纸浆和纤维板。从松根、松叶、松脂中还能撮松节油、松针油、松香等工业原料。红松是像化石一样珍贵而古老的树种，天然红松林是经过几亿年的更替演化形成的，被称为"第三纪森林"。红松在地球上只分布在中国东北的小兴安岭到长白山一带，国外只分布在俄罗斯、日本、朝鲜的部分区域。

秋季 QIU JI
里的安全保健知识
LI DE AN QUAN BAO JIAN ZHI SHI

秋季是个由天气炎热转变凉爽的季节，又是气象多变的季节。由于气候的变化，给我们的环境和生活带来的了许多影响。我们要适应气候的变化，更好地享受金色的秋天，同时也要应对秋天的环境和生活。

秋季的衣食住行

　　秋季经常有冷空气入侵，所以人们有必要增加一些衣物，防止受凉感冒。否则会因此引起呼吸系统疾病，或因秋季气温骤降而导致旧病复发。

　　秋季气候干燥，如果调养不当，人体往往容易发生咽干、鼻燥、皮肤干涩、便秘等秋燥症，此时饮食调养应以清淡、清补、平补为宜。秋天要注意养阴，要多吃些防燥护阴的食品，应适量多饮开水、淡茶、豆浆以及牛奶等饮品；多吃些芝麻、糯米、蜂蜜、萝卜、西红柿、豆腐、银耳、莲子、葡萄、梨、柿子、香蕉等，这些食物皆可滋阴生津，要少食辣椒、生姜等燥热食品。

　　到了秋末，人体精气开始封藏，进食滋补食品较易被吸收藏纳，有利于改善脏腑功能，增强身体素质。

　　秋季，地气清肃，自然界的阳气由发散趋向收敛。古代养生学家认为，此时睡眠宜早卧早起，与鸡俱兴。顺应阳气的生长，使肺气得以舒张；不宜终日闭户或夜间蒙头睡觉，养成开窗而居，露头而睡的习惯；要经常开窗通气，使室内空气流通，以利于减少呼吸道感染、头晕、疲倦等。此外，要保持睡眠充足，神志清醒，

以应收敛之气。

　　秋季，天高气爽，枫林尽染，秋虫长鸣，大自然的色彩令人心旷神怡。这时，是人们户外活动锻炼和旅行的大好时光。应根据各自的体质、兴趣和爱好，利用休息假日积极到公园、野外赏秋郊游，更可使你感受秋天特有的宁静，更好地享受这金秋时光。

应对"秋乏"

　　进入秋季，温度渐降，雨、雾、霜渐多，秋高气爽使人心旷神怡。但是如遇秋雨连绵，阴霾的天空都会使人产生怠倦心理，人体也容易出现"秋乏"现象。

　　"春困秋乏夏打盹"这是一句落后理念的民谚。但是，一些季节气象的变化确实对人的生理活动有影响，人体在随季节变化之间，都有适应过程，秋季时出现的"秋乏"就是这样一种现象。

　　初秋，特别要注意保证睡眠时间和睡眠质量，使身体尽快适应季节的

变化。另外秋季要多到户外活动，这样可以多呼吸新鲜空气，使肌肉、神经、感官等都能得到暂短的松弛，得到精神上的补偿。秋季时注意饮食不要过量，吃得过多也容易发生困倦。

预防秋季常见病

秋季，昼夜温差大，自上午10时到夜间时，气温仍然较高，食品上的病菌仍然可以大量生长繁殖；而9月至11月又是秋扁豆中毒高发季节，因此，避免食物中毒及肠道传染病的发生是秋季饮食应注意的重点。

下面就介绍一下秋季容易得的几种疾病，以及应对办法：

一、胃肠道疾病

秋季患胃肠道疾病的人数往往会多于夏季，其原因有三个：一是苍蝇在秋季的活力并不比夏季弱，凡吃了被污染过的食品，人就容易患各类肠道传染病（包括霍乱、急性细菌性疾病、肠伤寒及各种肠炎、腹泻症、甲型肝炎等）；二是秋季天气凉爽，人的食欲增加，加之瓜果大量上市，有的人暴饮暴食，致使胃肠负担加重，功能紊乱；三是秋季昼夜温差较大，易引起腹部着凉，使一些原来有胃病的人旧病复发或使肠蠕动增强而导致腹泻。秋季也是食物中毒的多发期，更要注意饮食卫生。

预防措施：

1.搞好环境卫生，消灭蚊蝇；

2.积极参加体育锻炼，改善胃肠道的血液循环；

3.尽量减少在外就餐次数，特别要杜绝在无证摊贩处的就餐；

4.养成良好的饮食习惯，饮食应定量定时，不生食各类水产品如毛蚶等，不过量食用冷饮和瓜果，不吃过热、过硬、过辣、难消化的刺激性食物；

5.注意饮用水卫生，不喝生水。饮用水必须是烧开的自来水或符合卫生标准的瓶（桶）装水；

6.养成良好的个人卫生习惯，采用科学的方式勤洗手，特别要加强饭前便后洗手习惯的培养；

7.防止腹部受凉，根据气候的变化适时增减衣物。

二、呼吸道感染

秋天气候多变，早午晚及室内外温差较大，呼吸道黏膜不断受到乍暖乍寒的刺激，抵抗力减弱，给病源微生物提供了可乘之机，极易使人伤风

感冒，还会引起扁桃体炎、气管炎和肺炎。患有慢性气管炎和哮喘的病人，症状也往往会加重。秋冬季也是流感、风疹、腮腺炎、麻疹等呼吸道传染病的高发季节。

预防措施：

1. 注意天气变化，加强户外活动，增强机体抵抗力；

2. 最好不要过早、过多添加衣物，让机体逐渐适应忽热忽凉的环境；

3. 有哮喘病史的人要尽量减少与致敏因素接触，若已知过敏原因者，更应杜绝接触；

4. 加强室内通风，特别是学生宿舍、教室、办公室和会场等人群集中的地方；

5. 大家应养成自测体温的习惯，出现发热等症状，及早就医。

三、眼部疾病

秋季是"红眼病"的多发季节，所谓的"红眼病"就是急性出血性眼结膜炎，是由细菌或病毒感染引起的急性结膜炎，其发病急、传染性强，人群普遍易感染。

"红眼病"常呈"一人得病全家受累，一处传染四方蔓延"之势。因此，预防很重要。红眼病主要通过手及患者用过的毛巾、浴巾、枕巾、脸盆等直接接触传播。一旦发病，患者常有眼部红肿、分泌物增多、眼睛发痒、流泪、怕光、灼痛、异物感，两天内达到高峰，严重者可影响角膜，使视力下降，甚至失明，一般1到2周痊愈。

在预防治疗急性结膜炎时应多注意细节，关键要注意个人卫生。脸盆、毛巾等生活用品要保持清洁，经常消毒，严禁混用；提倡流水洗手，不要用手揉眼。一旦发病，要及时就医，在医生的指导下规范治疗，一般不需住院。此外，要注意不论是眼药膏或眼药水，只能专人专用，以防交叉感染。

体育活动保证身体健康

秋季是一年中最适合运动的季节，这时南、北方都出现秋高气爽的好天气，因而特别适合人们户外活动。

秋季又是人们生理活动的旺盛阶段，人们的食欲大增，各种蔬菜瓜果纷纷成熟上市，因此，人们的身体营养补充也特别充分，这为体育运动提供了良好的环境和条件，同时也为人们提出了锻炼身体的需求。如果，错过了这个季节锻炼，你可能又会有产生肥胖的危险，你也可能有产生对季节适应能力下降的危险，还有可能产生抵抗冬季来临所面临的免疫能力不足的危险。所以，秋季的体育锻炼是很重要的。

这一季节的运动量最大，运动频率最高，运动时间也可能最长。正因为如此，更要注意运动伤害的预防。

在剧烈运动之后马上停下来，会感到头晕、心里难受、眼发黑，出现脸色苍白，双手发凉，严重的甚至会晕倒。因此，在这个季节运动应量力而行，每次以运动后不感到疲劳为标准，做好运动前的准备活动以及运动后的调整活动，不要突然开始运动，也不要突然停止运动。

在气候多变的秋季，为了预防疾病的发生，更积极的办法是进行耐寒锻炼，增强机体对恶劣气候环境的适应能力。一般可根据个人身体的情况，来选择锻炼方法：如冷水浴，进行冷水浴宜早些开始，先用冷水洗脸、洗脚，继而冷水擦身、擦背，然后用干毛巾擦干皮肤至微红，促使全身皮肤温暖、舒适。还可进行冷空气锻炼，微寒的刺激可提高大脑兴奋性，增加皮肤血流量，使皮肤代谢增强，从而有利于保暖。还可做保健按摩操，如擦鼻梁，用两食指磨擦鼻梁两侧至有热感为止。进行耐寒锻炼，可提高对寒冷刺激的耐受力，对预防感冒、支气管炎等疾病效果显著。

秋季防火

秋季来临，风干物燥，特别是晚秋季节已进入火灾多发期。为确保秋季消防安全，坚决遏制重特大火灾特别是群死群伤事故的发生，就要注意秋季防火。切实关注消防、参与消防、走近消防，共同消除火灾隐患。

北方在没有正式取暖期间，人们开始使用电褥子、电暖风、电炉子、火炉和空调等间歇性调节，面临的火灾隐患也在不断增多，稍有不慎，极易发生火灾。专家提醒平时应从以下几个方面多加注意，严防火灾事故发生：

1. 秋季风大，要加强大风天火灾预防措施，大风天不要在室外吸烟，更不能在室外乱扔烟头。

2. 在使用电褥子、电热毯之前，要仔细检查经过长时间存放的电褥子是否完好，电阻丝是否被折，绝缘是否老化或破损等。

3. 没有正式取暖之前，电暖风、电炉子等电热器具要远离可燃物，严防超负用电，要做到人走断电、人走火灭。

4. 使用火炉、火炕、火墙前，要进行检查和维修，尤其是烟囱与房簿之间是否有缝隙，火炕是否有裂缝，炕灰是否堵塞烟道等。

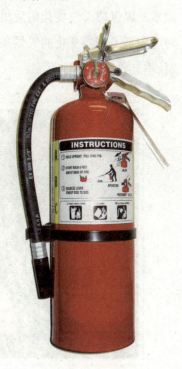

5. 城镇居民家庭应当配置灭火器材，农村家庭应当利用水缸储备水源、准备灭火工具。

6. 各地要认真落实好火源管理工作，对农民烧荒、烧秸秆等农事用火，在坚持严格控制的前提下，要认真组织，加强管理。

7. 对于入山采集人员，要求其在入山前不要携带火种，注意防止森林火灾，确保森林资源安全。

秋季预防"气象过敏症"

秋季里，秋风阵阵，有时高温闷热，有时又秋雨连绵，阴霾闷湿。在如此剧烈变化的环境中，身体偶有不适，就易患上"秋季气象过敏症"，表现为：困倦乏力，纳差腹胀，失眠多梦，记忆力下降，头晕目眩，心悸多汗，易激动、多焦虑，并伴有旧伤痛发作等等。

现代医学已证实，单种致病因素难以使人致病，必须配合气候因素，即气候是引发疾病和导致疾病症状加重的决定因素。而气候主要取决于气温、湿度、气压、风速、风力、降雨量以及太阳黑子、宇宙射线等多种气象因素，其中起决定作用的是气温、湿度和气压三种气象要素。

这些气象要素通过人的皮肤感受器反映到大脑，使脑垂体分泌相应的激素，以保持天气变化前后机体的相对平衡。秋天气候变化剧烈，人体一时适应不了剧烈变化的气候条件，于是便产生上述种种不适症状，即患上"秋季气象过敏症"。

现代气象学表明，秋季是天气系统较为活跃多变的季节，冷暖空气频繁交汇，此长彼消，气象要素变化剧烈、秋天的气温和湿度比夏天低，而气压则升高，某些易感者对这些气象要素的变化尤为敏感。统计表明，城市居民比农民、女性比男性更易患此症。因为

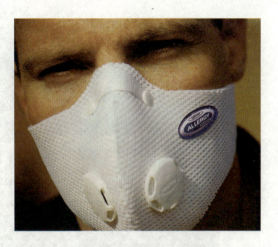

城市居民长期生活在高楼深院和舒适稳定的安逸环境中，与大自然接触少；而女性生性感觉敏锐，能觉察到激素分泌的微弱变化，加之女性分泌的激素少于男性，故而她们对气象环境因素的调控能力比男性差。

如何防治"秋季气象过敏症"呢？首先要加强锻炼，提高机体抗病防御能力。秋天应适当"秋冻"，根据自身状况坚持冷水洗脸和冷水浴，以提高脸、鼻、喉对冷空气的适应能力。其次每天收看（听）天气预报，按天气变化科学养生；及时增减衣服，防止受凉感冒。平时注意饮食的调理，以适应时令节气的变化，多食些润肺生津、养阴清燥的食品，如淡茶、绿豆汤、多种药粥、鱼肉禽蛋、海带、紫菜、梨等等。最后，"秋季气象过敏症"症状严重者可去医院进行治疗，其中药物治疗常用单胺氧化酶抑制剂和5—TA抑制剂，疗效明显。

避免秋季的烦恼

秋风萧瑟，气温骤降，寒意袭人。许多家庭就用紧闭门窗的方法来驱逐寒冷。但长时间生活在门窗紧闭的环境中，会给人体健康带来损害，其中之一就是过敏性疾病的多发。

众所周知，寒冷天气将门窗整天紧闭，会减少空气对流，使室内温度上升，但由此带来的空气污染危害更大。因为人体新陈代谢过程中会产生500余种化学物质，其中从呼吸道排出的有149种，其结果是使空气中含有大量细菌、病毒、二氧化碳和尘粒等。

这种由于人体体热的扩散、呼吸所致的空气变化，在不通风的情况下可导致大脑供氧不足，出现头晕、目眩和记忆力减退等现象。如果再加上平时不在户外活动，缺乏体育锻炼，极易造成身体虚弱、疲乏无力，且常患感冒、咳嗽、咽炎等呼吸道疾病。

不仅如此，长时间地不通风还会造成室内过敏源浓度升高，增加过敏性疾病的发生率。最常见的过敏源如尘螨、霉菌、花粉、空气清新剂等，还有的不为人知，让人防不胜防。

秋季里用下列方法会使你避免这些烦恼：

开窗曝晒清除尘螨。尘螨是最常见的一种过敏源。尘螨常寄生在床垫、枕垫、被褥、衣服、地毯、沙发、窗帘甚至是绒毛玩具上。人体通常在睡觉时吸入，导致数小时的黏膜充血，因此，很多人的过敏症状特别是过敏性鼻炎在早晨时比较厉害。当飘浮在空气中的尘螨颗粒被人体吸入后，也会引起过敏，导致鼻部、呼吸道和眼睛的过敏反应。

室外的新鲜空气可以将室内的污染物稀释掉，所以应经常打开窗户让室内空气流动。每周把褥子、被子、枕头拿到阳光下晒一晒，能缓解症状。每周用50℃以上的热水清洗所有床上用品一次，消除尘螨及其粪便。避免使用地毯或选择清洗方便的地毯，室内要定期打扫和吸尘。

通风防水赶走霉菌。霉菌也是常见的过敏源。霉菌是无根茎、无叶的真菌，绝大多数室内环境中都存在霉菌，它们通过产生并释放孢子在空气中进行繁殖。霉菌有时会在屋内看不见的角落生长而很难被发现，如地板下面或墙壁后面。

室内霉菌的出现与室内的湿度有关。因此注意通风和防水，保持室内干燥和清洁，是预防霉菌过敏的有效措施。可以使用除湿器，控制室内湿度，修补厕所、浴室、厨房和地下室的漏水处，限制室内植物的养植，确保叶片和陶土无霉菌滋生等方法来控制室内霉菌。

切断花粉过敏源。现在，家居装饰养花者特别多，花粉过敏也越来越多，最常见的就是过敏性哮喘。过敏性哮喘不容小看，严重时可危及生命。家庭养花要多通风换气，不要养植那些能引起过敏的植物，如百合花、含羞草、雏菊等，发现对哪种花草过敏应彻底切断过敏源，并结合正规抗过敏治疗。

另外，现在很多家庭使用空气清新剂，空气清新剂都含有香料，香味散发在空气中，对香料过敏的人深受其扰，尤其是有的孩子一进房间就喘，所以，建议家庭最好不使用空气清新剂。

 动手 DIY

❧ 制作水果羹 ❧

秋天各种水果都摆上了超市的柜台，或是摆满了水果摊贩的摊床。自己动手制作水果羹，不但会保证食品的卫生，还会给你增添无限的乐趣。

准备：

苹果、梨、银耳、淀粉、白糖、山楂糕、刀、锅、勺

过程：

（1）将苹果、梨、山楂糕切成小丁。

（2）将银耳撕碎。

（3）把水、银耳碎块、白糖放入锅中煮沸。

（4）用水调稀淀粉，慢慢倒入锅中，并不断搅匀，当汤汁成稀糊状时，放入苹果、梨丁，再放入山楂糕丁。煮一段时间后，一碗自制水果羹就做好了。

适合 SHI HE
秋季的活动
QIU JI DE HUO DONG

　　我们从昨天走来，正在经历着今天，又向未来走去。稍纵即逝的时间是那么平凡，又是那么神奇。珍惜时间、把握时间的人，他们的生命是那么璀璨，为人类留下了宝贵的财富，为人类做了许多贡献，让人们永远传颂。

 观察与调查

❦ 发展你的想象力和创造力 ❦

　　人类具有非凡的想象力，数不尽的发明创造把人类初始阶段的丰富想象变成了现实。如今，人们可以漫步太空、遨游海底；可以制造出各种为人类服务的机械、电子产品；人们可以改变许多动物、植物的品质，以满足人类食用、医药的需要……

　　发明创造不断地改变着人类的生活，同时也使人类本身也不断地改变、发展和完善，以至于造就了辉煌的现代文明。

想象力制造的故事

毛毛虫实验

　　法国著名科学家法伯发现了一种很有趣的虫子，这种虫子都有一种"跟随者"的习性，它们外出觅食或者玩耍，都会跟随在另一只同类的后面，而从来不敢另寻出路。

　　法伯做了一个实验，他花费了很长时间捉了许多这种虫子，然后把它们一只只首尾相连放在一个花盆周围，在离花盆不远处放置了一些这种虫子很爱吃的食物。一个小时之后，法伯前去观察，发现虫子一只只不知疲倦地围绕着

花盆转圈。

一天之后，法伯再去观察，发现虫子们仍然在一只紧跟一只地围绕着花盆疲于奔命。七天之后，法伯去看，发现所有的虫子已经一只只首尾相连地累死在了花盆周围。

后来，法伯在他的实验笔记中写道：这些虫子死不足惜，但如果它们中的一只能够越出雷池半步，换一种方式，就能找到自己喜欢吃的食物，命运也会迥然不同，最起码不会饿死在离食物不远的地方。

其实，该换一种思维方式生存的不仅仅是虫子，还有比他们高级得多的人类。

一个非常著名的公司要招聘一名业务经理，丰厚的薪水和各项福利待遇吸引了数百名求职者前来应聘，经过一番初试和复试，剩下了10名求职者。主考官对这10名求职者说："你们回去好好准备一下，一个星期之后，本公司的总裁将亲自面试你们。"

一个星期之后，10名做了准备的求职者如约而至。结果，一个其貌不扬的求职者被留用下来，总裁问这名求职者："知道你为什么会被留用吗？"这名求职者老实地回答："不清楚。"总裁说："其实，你不是这10名求职者中最优秀的。他们做了充分的准备，比如时髦的服装、娴熟的面试技巧，但都不像你所做的准备这样务实。你用了一种超常规的方式，对本公司产品的市场情况及别家公司同类产品的情况做了深入的调查与分析，并提交了一份市场调查报告。你没被本公司聘用之前，就做了这么多工作，不用你又用谁呢？"

世上的事情有时就这么简单得让人难以置信，如果你墨守成规，等待你的只有失败；相反，如果你稍动一下脑筋，对传统的思维方式进行一番

创新，就能获得成功。比如，那种具有"跟随者"习性的虫子为什么就不能动动脑筋，对自己固有的习性进行一下创新——不跟在别人身后漫无目的地奔跑，而像那个其貌不扬的求职者一样换一种思维方式呢？当然，让虫子放弃自己固有的习性难免苛求，虫子毕竟是虫子。但是，人类是不是可以做得更好呢！

将脑袋"打开"1毫米

美国有一家生产牙膏的公司，产品优良，包装精美，深受广大消费者的喜爱，每年的营销额蒸蒸日上。记录显示，前10年，每年的营业额增长率为10%—20%。这令董事会兴奋万分。

不过进入第11年、第12年、第13年时，营销额则停滞下来，但每月大体维持在同样的数字，董事会对此3年的业绩表现感到强烈不满，便召开经理级以上的高层会议，商讨对策。

会议中，有名年轻的经理站了起来，对总裁说："我有一张纸条，纸条里有个建议，若您要采用我的建议，必须另付我5万美元。"

总裁听了很生气地说："我每个月都支付给你薪水，另有分红、奖金，现在叫你来开会讨论对策，你还另外要5万美元，是不是太过分？"

"总裁先生，请别误会，您支付我的薪水，让我平时卖力为公司工作，但这是一个重大而又有价值的建议，您应该支付我额外的奖金。若我的建议行不通，您可以将它丢弃，1分钱也不必支付。但是，您损失的必定不止5万美元。"

总裁接过那张纸条，阅毕，马上签了一张5万美元的支票给那个年轻的经理。那张纸条上只写了一句话："将现在的牙膏开口直径扩大1毫米。"

总裁马上下令更换新的包装，试想，每天早晚，消费者多用直径扩大了1毫米的牙膏，每天牙膏的消费量就会多出一些，那么千千万万的人都使用这种牙膏，牙膏的销售就会增加很多，这个决定，使该公司第14个年头的营业额增加了32%。

一个小小的改变，往往会引起意料不到的变化。当你习惯于旧有的思维模式而走不出一条新路时，何不将你的脑袋"打开"1毫米！

垃圾筒的故事

在过去的一段时间里，荷兰的一座城市出现了乱扔垃圾的问题，原本干净整洁的地方变得有碍观瞻，因为人们不再使用垃圾箱了。大街上到处都是随地乱扔的烟头、啤酒瓶、巧克力糖纸、报纸等各种废弃物。

卫生部门显然对此很关心，他们开始寻找清洁城市的办法。一种办法是把随地乱扔废弃物的罚款从25荷兰盾（荷兰货币单位）提高到50荷兰盾。他们尝试了这个办法，但收效甚微。另一个方案是增加在这一地区街头巡逻的督察员，这也可以算是另一种"惩罚随地乱扔"的办法。同样，它也无助于问题的解决。后来，有人提出了下面这个方法：

假如人们在把垃圾倒进垃圾桶的时候，垃圾桶能付钱给他们，会怎么样？我们可以给每一个垃圾桶装一个电子感应装置和一个硬币返还系统。每当有人把垃圾倒进垃圾桶，它就会付给他10荷兰盾。

这种想法至少是对人们的大脑猛敲了一下。"假如……会怎么样"这个问题把"惩罚随地乱扔"变成了"奖励遵纪守法"。不过，这个想法存在着显而易见的缺陷，因为如果真的实施这种想法，这座城市就要破产了——欧洲会有一半的人到那里去倒垃圾。

幸运的是，倾听这个想法的人并没有以是否切实可行来衡量它，而是把它作为跳板，进而问自己："还有其他什么办法可以对那哪些把垃圾倒入垃圾桶的人进行奖励呢？"这个问题使他们找到了下面这个解决方案。卫生部门研制了一种电子垃圾桶，它的上部装有一个感应装置，当探测到有垃圾倒入时，就会激活录音机，同时播放其中的一段笑话。换句话说，这是一种会讲笑话的垃圾桶！不同的垃圾桶讲不同的笑话（有的讲低俗的双关语，有的讲冗长无聊的滑稽故事，还有的讲简短的俏皮话），此举很快就有了成效。笑话每两周就更换一次，人们都特意地把垃圾倒入垃圾桶，于是城市又恢复了原有的整洁。

想象力使人类走向文明

根据科学推论，人类最早的想象力应该原于火。

火是常见的燃烧现象，人类离不开火，自古至今火就伴随着人类，人们逐步地认识火，火使人类走出了蒙昧，走向了文明。

因为火，我们人类才能发展到今天这样的一片繁荣景象，也可以说没有火也就没有我们人类今天的文明，是火使我们人类成为地球上的最高等级的生命。

远古时代，我们的祖先和其他社会性动物一样，在生活中会制造简单的工具，曾经过着和动物一样的茹毛饮血的生活，他们和其他高等级的动物一样，也是东西南北往来穿梭在森林中，他们依靠自然提供的动植物生存，食物都是采集或猎捕后生吃。而生吃食物就会影响营养的吸收，也会使人的健康受到致病微生物、和寄生虫的侵扰和威胁。

一次闪电引发了森林大火，大火烧毁了大片的森林也烧死了很多动物，我们的祖先有跑出来的，也有部分烧死在森林里面。而跑出来的原始人因为难忍饥饿，他们也不顾及从来也没吃过熟食的习惯，只好用那些烧熟的已死亡的动物来充饥。可是，这种谁也没有料到的意外，竟然向人们传送了熟食好吃的信息，甚至使他们兴高采烈地庆幸他们劫后余生的幸运。

当时谁也没有弄懂，也不可能弄懂煮熟的食物能让人体更好地吸收营养，也不会弄懂动物体内的致病微生物、寄生虫也因为火的高温而被杀死，从而减少人类疾病发生的科学道理。这一意外使原始人吃到了熟食，从此他们认识了熟食，并形成了煮熟食物的习惯。

人类煮熟食物的习惯，使身体进化发生了质的变化，食用熟食会使人类大脑含量增加、体能增加，这都给人类的进化带来意想不到前景，这就使原始人比其他高等级动物更快地进化，而其他高等级动物几乎陷于停止进化状态。人类却越来越智慧，并且也产生了复杂的思维和想象。

原始人看着跳动的火苗就开始想象，怎么样能把火种保持下来，怎么样利用火取暖，因此他们开始想象很多东西，从此激发了原始人的想象力，并在生存中不断地发展这种能力。

原始人通过想象力创造了石

器、他们发明了火种的保留方法，尤其是发明了取火的方法，又发明了使用火的方法。从此想象力使他们如插上了进化的翅膀，加速了人类走向文明的步伐。

人类最先发明了用火烧制陶器，陶器不但可以盛装饮水，也可以使煮熟食物更加方便。以后，又发明了用火冶炼金属，发明了文字等等，并且通过想象开始了探索之路。

想象是利用原有的表象形成新形象的心理过程。在外界刺激物的影响下，在大脑过去有存储的若干表象进行加工改造而成，人不仅能回忆起过去感知的事物和形象，而且还能想象出当前和过去从没有感知的事物和形象，但想象的内容总是来源于客观事实，并不是胡思乱想。

想象力是人在已有形象的基础上，在头脑中创造出新形象的能力。比如当说起汽车，我们马上就想象出各种各样的汽车形象来，就是这个道理。因此，想象一般是在掌握一定的知识面的基础上完成的。想象力是在头脑中创造一个念头或思想画面的能力。想象力的魅力在于它可以将你带入一个虚拟世界，实现现实生活中不可能实现的梦想。

想象力的作用就是可以使你享受快乐，享受惊奇，享受自由，享受现实生活中少有的感受。

想象是在创造性想象中，运用你的想象力去创造你希望去实现的一件事物的清晰形象，接着，继续不断地把注意力集中在这个思想或画面上，给予它以肯定性的能量，直到最后它成为客观的现实。

想象力的伟大是我们人类比其他物种优秀的根本原因。因为有想象力，我们才能创造发明，发现新的事物定理。如果没有想象力我们人类将不会有任何发展与进步。这就像在远古时代的一些低智力动物，一直到现在他们的智力发展还是现在的样子，并没有进化为像人类一样富有智慧的高等生命。

爱因斯坦之所以能发现相对论，就是因为他能经常保持童真的想象力。牛顿能从苹果落地，而想象到万有引力这一个科学的重大发现都是因为有了想象力。

创造力改变了世界

马克思有一句名言："劳动创造了人"。劳动创造了人，劳动同时也改变了世界。劳动使我们学会了工具制造，工具又变成了我们改变世界的利器。

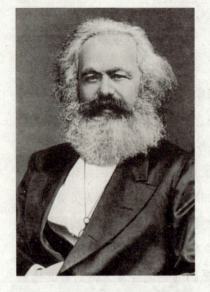

在几百万年以前的远古时期，原始人依靠采集围猎得到食物，以维持自己的生存，为了得到更多的食物，他们在生存的实践中，从投掷石块、树枝中学会了思考、观察、想象，于是他们开始学会打磨制造石器，这是人类走向改变世界的开端。打磨石器就是最原始地创造，人的这种活动，就是创新活动，因为这种活动是世上从没有的活动，而且他实现了价值。

真正的创造活动总是给社会产生带来有价值的成果，人类的文明史实质是创造力的实现结果。以后，人类逐步地进入了快速发展阶段，世界也在不断地创新中逐步地改变。

刀耕火种使人类走进了农牧文明，在农牧文明时代人类创造了数不尽的辉煌，创造了种植、饲养、文字、农业生产工具，许许多多的手工艺工具、各种各样的冷兵器、各种各样的建筑、同时，也创造了科学技术。

又是创造力使我们在蒸汽机喷火冒烟的隆隆声中，进入了工业文明时代，人们抛弃了驯养的、并伴随人类几千年的大型牲畜，用上了蒸汽机、电动机、柴油机等新兴的动力，这个世界真的改变了。人们可以住在温暖的住宅中，人们可以吃着许多经过改良的食品，也可以乘坐各种交通工具驰骋在蓝天、大洋等任何一个地方。

大多数人认为，知识、智能和优良个性品质是创造力的核心内容。任何创造都离不开知识，知识丰富有利于更多更好地提出创造性设想，对设想进行科学的分析、鉴别与简化、调整、修正；并有利于创造方案的实施与检验；而且有利于克服自卑心理，增强自信心，这是创造力的重要内容。没有知识，就没有想象的回忆材料，而创造力是在想象力基础之上发展的。

聚合思维在创造能力结构中同样具有重要作用。所谓聚合思维是指利用已有定论的原理、定律、方法，解决问题时有方向、有范围、有程序的思维方式。发散思维与聚合思维二者是统一的、相辅相成的。人们在进行创造性活动时，既需要发散思维，也需要聚合思维。任何成功的创造性都是这两种思维整合的结果。创造力与一般能力有一定的关系，研究表明，智力是创造能力发展的基本条件，智力水平过低者，不可能有很高的创造力。

智能是智力和多种能力的综合，既包括敏锐独特的观察力，高度集中的注意力，高效持久的记忆力和灵活自如的操作能力，也包括创造性思维能力，还包括掌握和运用创造原理、技巧和方法的能力等。这是构成创造力的另一重要部分。

有人总结创造力的几个方面，那就是敏觉力、流畅力、变通能力、独特性、精进力等，总结确有一定的科学性。

"敏觉力"就是指极其敏锐的觉察能力，当别人变换了你房间的布置，你可以马上就发现发生改变的地方，而且丝毫不差，这就表示你的"敏觉力"相当强。

当被问到茶杯有什么用途的时候，在限定时间内，能够想出最多答案的人，就有比较优秀的"流畅力"。

变通能力是指，从不同的角度或方法去想问题或解决问题的能力。我们经常使用的"山重水

复疑无路，柳暗花明又一村"、"随机应变"、"举一反三"、"触类旁通"这些语句就是形容变通能力的。

反应的独特性，想出别人所想不出来的观念，独特新颖的能力，就是创造性的真实写照。

精进力是指能从更精致、更细密的角度来进行思考的一种能力。例如，在放纸船的时候，有些人懂得在纸船底面涂一层蜡，以防止被水浸坏，这种"多涂一层蜡"的思考，就是精进力的表现。

优良的个性品质如永不满足的进取心、强烈的求知欲、坚韧顽强的意志、积极主动的独立思考精神等，是发挥创造力的重要条件和保证。它是在一个人生理素质的基础上，在一定的社会历史条件下，通过社会实践活动形成和发展起来的，是创造活动中所表现出来的创造素质。优良素质对创造极为重要，是构成创造力的又一重要部分。

另外，创造力与人格特征也有密切关系，综合多人研究的结果表明，高创造力者具有如下一些人格特征：兴趣广泛，语言流畅，具有幽默感，反应敏捷，思辨严密，善于记忆，工作效率高，从众行为少，好独立行事，自信心强，喜欢研究抽象问题，生活范围较大，社交能力强，抱负水平高，态度直率、坦白，感情开放，不拘小节，给人以浪漫印象。

因此，对于创造力的研究日趋受到人们的重视，由于侧重点不同，出现两种倾向，一是不把创造力看作一种能力，认为它是一种或多种心理过程，从而创造出新颖和有价值的东西，二是认为它不是一种过程，而是一种产物。一般认为它既是一种能力，又是一种复杂的心理过程和新颖的产物。

创造力较高的人通常有较高的智力，但智力高的人不一定具有卓越的创造力。根据西方学者研究表明，智商超过一定水平时，智力和创造力之间的区别并不明显。创造力高的人对于客观事物中存在的明显失常、矛盾和不平衡现象易产生强烈兴趣，对事物的感受性特别强，能抓住易为常人漠视的问题，推敲入微，意志坚强，比较自信，自我意识强烈，能认识和评价自己与别人的行为和特点。

创造力与一般能力的区别在于它的新颖性和独创性。它的主要成分是发散思维，即无定向、无约束地由已知探索未知的思维方式。按照美国心理学家吉尔福德的看法，发散思维当表现为外部行为时，就代表了个人的创造能力。

想象力是创造力的翅膀

科学幻想并不是无中生有的代名词，科幻作品之所以吸引人，一个重要原因是作者在科学的基础上展开合理的想象。

所以，若干年后，人们往往会发现科幻作品中的很多新奇的事物竟然变成了现实。比如，潜艇、直升机等。许多新的发明都是在科幻作品中得到启示，并产生了灵感而经过多次、多人的努力研究发明的。因此，我们不得不感谢那些富有想象力的科幻作家们，是他们天才的想象力，激发了科学家们的创造力，使他们创造发明了许多那些令人赞叹的新发明，给人类带来了幸福、方便的生活。

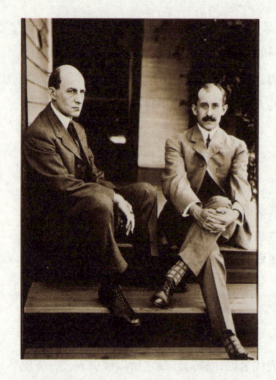

美国发明家西蒙·莱克被誉为"现代潜艇之父"，他在1870年阅读了儒勒·凡尔纳的科幻小说《海底两万里》后，从此迷上了海底旅行和探险。莱克的新发明包括压载舱、潜水舱和潜望镜。他的公司于1898年制造了第一艘在公海成功航行的舡鱼号潜艇，莱克在成功的喜悦中收到了凡尔纳的贺信。

著名法国科幻作家儒勒·凡尔纳，从小对航海就产生了浓厚兴趣，他在构成市区一部分的劳阿尔河上的菲伊德岛生活学习到中学毕业。父亲是位颇为成功的律师，一心希望子承父业。但是凡尔纳自幼热爱海洋，向往远航探险。11岁时，他曾志愿上船当见习生，远航印度，结果被家人发现接回了家。为此凡尔纳挨了一顿狠揍，并躺在床上流着泪保证："以后保证只躺在床上在幻想中旅行。"也许正是由于这一童年的经历，客观上促使凡尔纳一生驰骋于幻想之中，创作出如此众多的著名科幻作品。

他曾系统地研读过数理化专著，1865年发表了《从地球到月球》，及1870年发表的续集《环绕月球》，这两本科幻小说几乎是现代"阿波罗"登月工程的原始性预演。

在莱特兄弟发明飞机前50年，凡尔纳的作品中就出现了直升飞机。他还在著作中把电视称为"电声像机"。霓虹灯、自动人行道、空调、摩天楼、导弹、坦克、飞机，这些20世纪的奇迹几乎都在他的作品中出现过。

现代潜艇之父西蒙·莱克在自传中的第一句话就是"儒勒·凡尔纳是我

一生的总舵手。"

《从地球到月球》及它的续集，讲了这样一个故事：巴尔的摩城大炮俱乐部主席巴比康提议向月球发射一颗炮弹。法国探险家米歇尔·阿当建议造一颗名为"哥伦比亚"的空心炮弹，并乘坐它到月球去。巴比康，米歇尔和尼丘尔船长在炮弹里装了温度计，气压表，月理图和枪支弹药，又随身带上两只狗和几只鸡，乘坐由270米长的大炮发射的炮弹出发，但在途中遇到流星而偏离轨道，在离月球4 500千米处绕月飞行。三位探险家利用绕月飞行的机会，仔细观测了月球的面貌，最后因炮弹速度越来越快而脱离了月球的引力范围，从而进入了地球的引力圈，终于溅落在太平洋，三位月球探险家被美国军舰救起受到美国人民的热烈欢迎。

现代的人们恐怕很少会对凡尔纳荒诞不合道理的登月描述嗤之以鼻，只会将目光放到他的宏伟主题上。

虽然儒勒·凡尔纳最著名的虚构作品可能是潜艇"鹦鹉螺"号，但是这位法国作家还对航空旅行的未来进行了大胆设想。现代直升机的发明者埃格·西科斯基是在他小时候读过的这位著名科幻作家的书《征服者罗比尔》的启发下，发明了直升机。西科斯基经常援引凡尔纳的话说："一个人能够想象出来的东西，另一个人都能把它变成现实。"

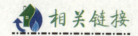 相关链接

❧ 精英箴言集锦 ❧

想象力比知识更重要，因为知识是有限的，而想象力概括着世界上的一切，推动着进步，而且是知识进步的源泉。

——爱因斯坦

出色的科学家总是善于想象的。　　　　　　　——卢瑟福

希望就藏在那些敢于将梦想变为现实的人的想象和勇气里。

——乔纳斯斯·索尔克

无可否认，创造力的运用、自由的创造活动，是人真正的功能；人的创造活动，是人真正的功能；人在创造中找到他的真正幸福，证明了这一点。　　　　　　　　　　　　　　　　　　——阿诺德

创造者才是真正的享受者。

——富尔克

爱因斯坦

卢瑟福

乔纳斯斯·索尔克

一个具有天才的人具有超人的性格，绝不遵循通常人的思想和途径。

——司汤达

独立性是天才的基本特征。

——歌德

欢乐的名字是创造。

——希恩

所谓天才人物本来就是指那些十分富于幻想的人。……天才人物总是积极主动地使用幻想能力。总之，他们在思考问题时总是用幻想来开道，……在幻想的遥远彼岸获得启示之后再返回到现实之中，因而思想的跨度极大。 ——[高桥浩子]日本

今天比以往任何时候都更需要幻想、梦想和预言，即对潜在的明天的想象。

——[托夫勒]美国未来学家

幻想是极其可贵的品质。

——[列宁]俄罗斯革命家

想象力是办好事情的前提，想得周到后就要去实行，并不是光想不做，这才是真智慧。

——[方海权]哲学家

只要我们能梦想的，我们就能够实现。

——刻在美国肯尼迪宇航中心大门上的

人类誓言

"这类对可能的未来的想象性探索……将为社会的时间视野大幅度向前伸展奠定基础……"

——[托夫勒]美国未来学家

想象就是深度。没有一种精神机能比想象更能自我深化，更能深入对象，这是伟大的潜水者。科学到了最后阶段，便遇上了想象。

——[雨果]法国作家

歌德

列宁

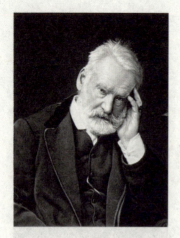

雨果

想象力比知识更重要，因为知识是有限的，而想象力概括世界上的一切，推动着进步，并且是知识进化的源泉。

——［爱因斯坦］现代科学巨匠

爱迪生作为一个发明家，他的力量和多产在很大程度上应归功于想象力给他的激励。

——佚名

思维缺乏了浪漫，也就缺乏了想象，缺乏了突破性的意识流动，缺乏了宏阔的视野，缺乏了人生理想境界之美的追求，就有可能导致人生目标的过分现实化和功利性，形成致命的短视和由此而引起的人生的被动……

——金马

想象力是人类能力的试金石，人类正是依靠想象力征服世界。

——［奥斯本］创造学之父

想象力是发明、发现及其他创造活动的源泉。

——［亚里士多德］古希腊哲学家

人类的肉体是不完全的东西，人类的心也不值得信赖，然而，人类的想象力却是使人类卓越的动力。"

——约翰·梅斯菲

想象并非论据，更不会导致证明，但心灵渴望它们。最聪明的实验者发现，有二十个想象比只有一个想象好，在这些想象是相互矛盾的情况下更是如此，因为人类的理智早已知道如何对付矛盾。

——［亚当斯·亨利］美国历史学家

由于发明虎头钳而使大拇指强健有力；发明铁锤而使拳头和手臂的肌肉发达，这些都是想象力的恩赐。"

——华格纳

科幻小说之父——儒勒·凡尔纳

儒勒·凡尔纳，出生在法国南特市的一个律师家庭里。早年攻读法律，曾考察过欧、美、亚、非洲许多国家，阅读过大量的自然科学专著。

在他一生的创作中，有64部小说和故事中充满预言和假设。有许多预言在以后若干年中变为现实。

他的作品表现了丰富的想象力、社会性，得到了全世界读者的喜爱。因此，他的作品是世界翻译最多的作品。他的代表作有《八十天环游地球》、《海底两万里》、《格兰特船长的女儿》、《神秘岛》、《从地球到月球》等，并且有许多作品被拍成了电影、戏剧在许多国家上映、上演。

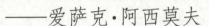 头脑插上科学幻想翅膀的大师
——爱萨克·阿西莫夫

爱萨克·阿西莫夫，1920年生于前苏联的一个小镇，3岁时随父母移居美国。住在纽约的贫民区，靠父亲开的一家小糖果店维持生计，生活很是贫苦。

阿西莫夫的父亲管教他很严格，不准他翻阅那些具有暴力、色情、乱七八糟的书或杂志，只允许他看含有科学内容的书。他勤奋努力地学习，读完哥伦比亚大学生物学学士学位并获得了奖学金。19岁时阿西莫夫取得硕士学位，并且发表了《逃离灶神星》科幻小说。以后，先后在海军造船厂工作。支援反法西斯战争，参加对日作战。

二战后，他返回学校，并且在28岁时获得博士学位，次年在波士顿大学医学院任教。他于1992年去世，他的一生创作了科幻作品和其他著作共500部，赢得了世界人民的欢迎，很多人被他的作品感染，美国著名宇航学家及火箭专家，就是受他的科幻小说《星球大战》的影响而投身宇航火箭事业的。

观察与调查

民以食为天

秋天正是粮食丰收的季节，农民欢天喜地的季节，也是备受关注的季节，有谁不关心自己的食物来源呢？人类生存的第一条件就是以食物维持生命，所以粮食问题永远是不可超越的重中之重。

粮食家族中的三大金刚

粮食是一个大家族，属于粮食作物的品种繁多，粮食作物是以收获成熟果实为目的，经去壳、碾磨等加工程序而成为人类基本食物的一类作物。

粮食主要有谷类作物、薯类作物和豆类作物。其中三种谷类作物小麦、水稻和玉米占世界上食物的一半以上。

小麦是一年或两年生草本植物，茎直立，中空，叶子宽条形，子实椭圆形，腹面有沟。小麦是一种温带长日照植物，适应范围较广，自北纬17°—50°，从平原到海拔约4 000米的高原（如中国西藏）均有栽培。按照小麦穗状花序的疏密程度，小穗的结构，颖片、外稃和芒以及谷粒的形状、颜色、毛绒等，种下划分为极多亚种、变种、变型和品种；根据对温度的要求不同，分冬小麦和春小麦两个生理型，不同地区种植不同类型。在中国黑龙江、内蒙古和西北种植春小麦，于春天3—4月播种，7—8月成熟，生育期短，约100天左右；在辽东、华北、新疆南部、陕西、长江流域各省及华南一带栽种冬小麦，秋季10—11月播种，翌年5—6月成熟，生育期长达180天左右。

小麦的硕果是人类的主食之一，小麦富含淀粉、蛋白质、脂肪、矿物质、钙、铁、硫胺素、核黄素、烟酸及维生素A等。因品种和环境条件不

同，营养成分的差别较大。

小麦磨成面粉后可制作面包、馒头、饼干、蛋糕、面条、油条、油饼、火烧、烧饼、煎饼、水饺、煎饺、包子、混沌、蛋卷、方便面、年糕、意式面食等食物；发酵后可制成啤酒、酒精、伏特加，或生物质燃料。

我们常说的"麦"就是小麦，当然还有其他麦类，比如说大麦、燕麦。古代欧洲人吃麦主要还是吃大麦，直到16世纪后被小麦代替。世界大麦80%的产量被转化为啤酒，灌进人们肚子里。1斤大麦大概可以做4到5斤啤酒。啤酒的独特苦味是加入啤酒花所造成的，它使啤酒带有特殊芳味和爽快的苦味。

另外藏族人吃的青稞也是大麦的一种，藏族人主要用它做糌粑。

小麦是一种在世界各地广泛种植的禾本科植物，也是世界最早种植的粮食作物，其主要产区在亚洲、欧洲，亚洲占世界种植面积的45%，欧洲占25%，但产量主要在中国、印度、美国、阿根廷等国家。

小麦是世界上总产量第二的粮食作物，仅次于玉米，而稻米则排名第三。

小麦的世界产量和种植面积，居于栽培谷物的首位，以普通小麦种植最广，占全世界小麦总面积的90%以上；硬粒小麦的播种面积约为总面积的6%—7%。

小麦原产地在西亚，中国最早发现小麦遗址是在新疆的孔雀河流域，也就是我们常说的楼兰，在楼兰的小河墓地发现了4 000年前的炭化小麦。4 000年前的塔里木河和孔雀河下游一带的沙漠绿洲中，有着较充沛的水资源和高达40%的植被覆盖率。那时水中有游荡的鱼儿，林中有飞奔的动物，翠绿的草地可以放牧，土地适于耕种。在小环境里有着相当不错的生存土壤。但是唯一的问题也是最关键的问题，便是沙漠绿洲生态的脆弱性，一点点改变就会给生命造成意想不到的灾难。

内地发现出土的小麦，最早在3 000多年前，也就是商中期和晚期左右，但不是很普遍。小麦的普及还是在汉代以后了，关键一点就是战国时期发明石转盘在汉代得到推广，得以使小麦可以磨成面粉。小麦主要在北方种植，在南方种植发展还是得益于南宋时期北方人大量南迁，南方对小麦需求大量增加。到明代小麦种植已经遍布全国，但分布很不平衡，《天工开物》记载北方"齐、鲁、燕、秦、晋，民粒食小麦居半，而南方闽、浙、吴、楚之地种小麦者二十分而一。"

水稻是一年生禾本科植物，高约1米左右，属须根系，不定根发达。叶长而扁，叶二列互生，线状披针形，叶舌膜质，两裂。圆锥花序疏松，由许多小穗组成，小穗长圆形，两侧压扁，含3朵小花，颖极退化，仅留痕迹，顶端小花两性，外稃舟形，有芒；雄蕊6；退化2花仅留外稃位于两性花之下，常误认作颖片。

水稻喜高温、多湿、短日照，对土壤要求不严。水稻体内含有丰富的碳水化合物、蛋白质、脂维生素和11种矿物质。稻米可加工成大米，还可以制淀粉、酿酒、制醋、米糠可以榨油、提取糠醛、用于工业和医药，稻

杆可作为造纸原料、饲料、和编织材料，谷芽和稻根可供药用。

水稻原产于中国，在中国广为栽种后，逐渐传播到世界各地，因此在世界许多地方都有种植，世界大多数稻米都产在亚洲，我国的江南地区，或是东北的黑龙江、辽宁等省都是水稻原产地。

按照不同的方法，水稻可以分为籼稻和粳稻、早稻和中晚稻、糯稻和非糯稻。世界上近一半人口，都以大米为食。

中国水稻播种面积占全国粮食作物的1/4，而产量则占一半以上。在2003年统计，全世界的稻作产量高达58 900万吨。在亚洲就有53 400万吨的产量。而全世界稻田总面积可达150万平方公里。目前，最大的稻米出口国为泰国。上个世纪晚期，世界稻米年产量平均为4 000亿公斤左右，种植面积约1.45亿公顷。世界上所产稻米的95%为人类所食用。

玉米也叫包谷，亦称玉蜀黍、苞米、棒子。玉米是一年生禾本科草本植物，也是全世界总产量最高的粮食作物。

玉米是世界上分布最广泛的粮食作物之一，种植面积仅次于小麦和水稻而居第三位。种植范围从北纬58°（加拿大和俄罗斯）至南纬40°（南美）。世界上整年每个月都有玉米成熟玉米是美国最重要的粮食作物，产

量约占世界产量的一半，其中约2/5供外销。中国年产玉米占世界第二位，其次是巴西、墨西哥、阿根廷。

玉米植株高大，茎强壮，挺直。叶窄而大，边缘波状，于茎的两侧互生。

玉米的根为须根系，除胚根外，还从茎节上长出节根。从地下节根长出的称为地下节根，一般4—7层；从地上茎节长出的节根又称支持根、气生根，一般2—3层。株高1—4.5米，秆呈圆

筒形。全株一般有叶15—22片，叶身宽而长，叶缘常呈波浪形。花为单性，雌雄同株。雄花花序穗状生于植株的顶端，为圆锥花序；雌花生于植株中部的叶腋内，为肉穗花序，成熟后成谷穗，具粗大中轴，小穗成对纵列后发育成两排籽粒。谷穗外被多层变态叶包裹，称作包皮。二倍体玉米植株的体细胞中染色体数目为10对，所以玉米的列数一般为偶数列。

玉米籽粒可食，用途很广。玉米可用作饲料、食物和工业原料，在许多地区作为主要食物，但营养价值低于其他谷物，蛋白质含量也低，并缺乏菸草酸，若以玉米为主要食物则易患糙皮病。玉米的谷蛋白质低，不适于制做面包。在拉丁美洲，玉米广泛用作不发酵的玉米饼。

玉米也是工业酒精和烧酒的主要原料。籽粒加工方式有多种，湿磨法是将籽粒在稀的亚硫酸溶液中浸泡40—60小时；乾磨法是用喷雾或蒸汽使籽粒短期濡湿；发酵法是将淀粉转化为糖，又加酵母使糖转变为酒精。植株的其他部分用途也相当广泛，玉米秆用于造纸和制墙板；苞叶可作填充材料和草艺编织；玉米穗轴可作燃料，也用来制工业溶剂，茎

叶除用作牲畜饲料外，还是沼气池很好的原料。

玉米的原产地是墨西哥或中美洲，1492年哥伦布在古巴发现玉米，以后直到整个南北美洲都有栽培。1494年把玉米带回西班牙后，逐渐传至世界各地。到了明朝末年，玉米传入我国，玉米的种植已达十余省，如吉林、浙江、福建等。

除小麦、水稻、玉米三大金刚以外，粮食类作物还有许多种，比如，谷子、糜子、高粱、豆类、薯类等都属于粮食作物。

古老的种植业

大约在距今12 000年前，中国的新石器时代早期阶段出现了原始农业的雏形，进入原始农业的重大技术突破是种植和驯化野生植物和动物，标志是稻谷和陶器的出现。

刀耕火种是原始农业的耕作技术，这种耕作技术在近代一些民族中仍然保留下来。中国长江流域地区在唐宋以前的很长历史时期里也都保留了这种耕作方式。所谓"刀耕火种"就是山民在初春时期，先将山间树木砍倒，然后在春雨来临前的一天晚上，放火烧光，用作肥料，第二天趁土热下种，以后不做任何田间管理就等收获了。一般两三年之后，土肥就已枯竭，不能再种植了，而不得不另行开辟。

原始的刀耕火种与之相类似，只不过工具更为简陋一些。据考古出土的一些实物来看，原始农业使用的工具主要有石刀、石斧之类，这些都是用来砍伐树木的。人们在进行刀耕火种的时候，首先所要面临的就是土地的选择。从中国南方从事刀耕火种的少数民族的情况来看，初期原始农业的土地都是选择在林地上。

据独龙族、怒族和佤族老人的追述，他们的祖先在使用石斧、竹刀进行耕种时，对大规模的原始森林无能为力，当时所选择的土地一般不是草地，而是选择森林的边沿、隙地或林木比较稀疏的林地进行耕种。这种说法在新安寨的苦聪人中得到证实。苦聪人在定居前（20世纪50年代）刚刚由采集经济向农业经济过渡，铁器虽已传进，但数量极少，仍以木质工具为主，他们就是选择在森林边缘或树林比较稀疏的地方耕种的。

为什么人们不选择草地而选择林地进行耕种呢？这是因为拔除土地上的草虽然比较容易，但没有翻土工具却难以清除其纵横交错的地下根茎，而且草地不能提供足够的灰烬，这都对作物的生长极其不利。在斧斤还没有大量使用的洪荒时代，即使是林间隙地或边缘地带，也有较厚的腐殖黑土，人们又可以把灌木和小树砍倒，甚至可以把周围的枯枝败叶扒过来，晒干焚烧后再作肥料。这就决定了人们是选择林地而不是草地去作为土地。

选择什么样的林地作为耕地最为适宜呢？根据中国南方从事刀耕火种少数民族的经验，主要是依据

林木的长势和种类，而不是土壤的质地。他们对于土壤的知识相当贫乏，但却能十分细致地区分各种不同的林地，并且懂得因地制宜地利用它们。他们较早的注意到地形的因素，懂得

选择较平缓的、两面稍高，中间稍低，略成槽形的，或光照较长的地段，但很少注意土壤本身的因素，而上述地段一般也是水肥比较集中、林木比较丰茂的地方。他们选择耕地时也看"黑土层"的厚度，所谓黑土层乃是树林里枯草败叶腐烂后堆积起来的疏松而发黑的土层，所以关键的仍然是林木的丰茂。

同样，决定什么地种什么庄稼也是根据树木而决定的，而不是根据土壤。如在独龙族居住地区，人们把林地划分为木林地、竹林地和竹木混合林地。在木林地中，生长"斯雷"和"斯莫"树的，宜种荞麦、小米和稗子，生长"尔芒"和"纠"树的，宜种玉米，在野生核桃树地上种芋头生长最好，而竹木混合林又以种玉米和小米为佳。竹林地也按竹子种类分为"日久垮"、"久爪"和"格鲁"等。"格鲁"是一种杆子细小的竹子，不如前两种竹林地砍烧后庄稼长得好，一般不为人们所重视。他们又发现竹林地种黄豆后竹子长得不好。根据怒族人的经验，最适宜做耕地的是生长水冬瓜树、"色达"树、小板栎树的林地。这些树生长迅速、枝繁叶茂，燃烧后灰烬多，并且"色达"树和小板栎树的林地以种旱稻最佳，长"色达"树、水冬瓜树的林地，以种玉米为宜，撒种天雄米（苋菜）也好。苦聪人则认为，生长"宾尼"、"怕楼"、"洋榆木"、"爱沙泥"、"素并"、"必卡"等树木的林地最适合种庄稼，而生长"厄努"、"木桨

水"、"扎八克扎喀"等树木的林地，庄稼长得不好。

由此可见，区分不同的林地和树种，是从事刀耕火种的民族选择耕地的主要依据。这种经验一直保留在传统农业之中。《师旷占术》曰："杏多实，不虫者，来年秋禾善。五木者，五谷之先；欲知五谷，但视五木。择其木盛者，来年多种之，万不失一也。"《杂阴阳书》则将"五谷"和"五木"一一对应起来，有所谓：禾生于枣或杨，黍生于榆，大豆生于槐，小豆生于李，麻生于杨或荆，大麦生于杏，小麦生于桃，稻生于柳或杨。

刀耕火种一般不施肥，也不中耕，所以种植两三年之后就要另觅新地重新砍烧种植，农史学家称之为"游耕"。但从新石器时代所出土的一些实物来看，中国一些地区的原始农业似乎在六七千年以前，很早就脱离了早期的刀耕火种阶段。而已由"原始生荒耕作制"阶段，进入了所谓"锄耕"或耜耕"的"熟荒耕作制"的阶段。

河姆渡遗址出土的大片木结构建筑遗迹、大量的骨耜、成堆的稻谷稻壳，以及半坡、姜寨由几个氏族建立的5万多平方米面积的部落村庄遗址

来看，人们已过着较长期的定居生活。人们在几块土地上，轮流倒换种植，不必经常流动到别处去重新开荒。这就能导致较长期的定居生活，有利于农业的发展。

这时期的遗址中还出土有大量不同类型的农业生产工具，其中石铲、石锛、石耜和骨耜都为翻土的工具，石锄、蚌锄和有两翼的石耘田器用于中耕除草。石镰、蚌镰、骨镰、穿孔半月形石刀等收割工具，不但提高了收割效率，而且能连秆收割，这种收割方法为饲养家畜储备了必要的饲料。石磨棒则是谷物脱壳的工具。河姆渡还出土了可能已驯化的水牛遗骨化石，据此有人认为，河姆渡的先民可能已使用了牛踏田这样的一种整田方式。

根据水稻的生长特点来推测，河姆渡人初步掌握了根据地势高低开沟引水和做田埂等排灌技术。黄河流域很早就流传着大禹"疏九河"，"尽力乎沟洫"和伯益发明凿井技术的传说。河姆渡和河北邯郸涧沟新石器时代遗址中都曾发现有水井，水井的出现也是人们得以定居生活的重要保障。

古老的种植业砍伐了大量的树木，人类的生活影响着环境，人类的生存使我们这个地球上的森林大为减少。当然古老的种植业也使人类定居，促进了人类社会的发展。但那时，由于地球人口很少，生态环境并没有受到严重破坏，因此，环境的自我修复能力，完全可以维持环境的安全，人们也不知道他们的行为对环境的影响。

保卫耕地

我们的地球是一个几乎被水覆盖的球体，人们常说三山六水一分田，也就是说田地只占土地总面积的1／10。

据现代测量，世界各国国土总面积约133.9亿公顷，世界耕地面积为14.8亿公顷，只占世界国土总面积的11.0%左右；森林和林地面积为40.9亿公顷，占世界国土总面积的30.5%；牧地面积为31.5亿公顷，占世界国土总面积的23.5%。

古人云："万物土中生""有土斯有粮"。为了满足人们的生存需要，就必须有足够的粮食，有足够的粮食就必须有大量的土地。

由于耕地面积几乎是一个定值，那么人口的数量增加就会使人均占有耕地面积下降，也就是耕地种植的粮食满足不了人口增长的需要。那么，人类就会开垦更多的土地以满足人口增长的需要，或是提高农业技术以提高粮食产量，否则，人口的增长就会陷入粮食危机的窘境。

美国宾夕法尼亚大学教授杰里米·里夫金认为："我们现在几乎开拓了这个星球上的每一块土地，并为真正的全球文明建起框架，但代价却是一张不可预测的账单，可能让我们灭绝。"

其实，他这种论断过于悲观，实际情况是，一些国家还有大量尚未开发的土地资源，进行跨界互补互利农业合作仍有较大潜力。

另外，土地的人均拥有量也不平均，澳大利亚人均可耕地占有量最多，人均占有可耕地120.8公顷，居世界第一，加拿大人均可耕地也超过100公顷，美国、法国、阿根廷、俄罗斯都是人均拥有可耕地较多的国家，而我国人均可用耕地仅有0.094公顷，仅相当于世界平均水平的1/3左右，且我国的可耕地面积待开发量也极少。因此，我们在占有世界可耕地7%的情况下，养活占世界21%的人口，确实是件令世人惊叹的事。但是，我们也绝不能小视面临土地资源短缺的警示。

保护耕地是关系我国经济和社会可持续发展的全局性战略问题。"十分珍惜和合理利用土地，切实保护耕地"是必须长期坚持的一项基本国策。

我国历来十分重视耕地保护工作，先后制定了一系列重大方针、政策，一再强调要加强土地管理，切实保护耕地。1986年，党中央和国务院发出《关于加强土地管理、制止乱占耕地的通知》；1992年党中央、国务院发出《关于严格制止乱占、滥用耕地的紧急通知》；1994年发布《基本农田保护条例》；1997年，中共中央、国务院发出《进一步加强土地管理，保护耕地的通知》（11号文件）；1998年，耕地保护写进了《刑法》，增设了"破坏耕地罪"、"非法批地罪"和"非法转让土地罪"。我国制定了1.2亿公顷（约合18亿亩）的可耕地保护红线，但随着工业化、城镇化的步伐加快，坚守这个红线的任务是十分艰巨的。

节约粮食

粮食是最重要的资源，是人们生存的根本保障，没有粮食的后果是不可想象的，粮食短缺的结果也是令人不安的。

因为可耕地的差别、自然环境的差别、农业技术的差别等诸多因素的不同，粮食分布很不平衡。一般说来，发达国家或地区粮食的总量、单产和人均占有量都很高，欠发达的国家或地区粮食的总量、单产和人均占有量都很低。

就全世界而言，粮食生产面临人多地少，粮食紧缺的境况。全世界70亿人口中，大约尚有9亿人不能填饱肚子。世界粮食生产大国主要集中在亚洲、欧洲和北美地区，美国、加拿大、法国、英国、澳大利亚等少数发达国家拥有广阔肥沃的土地，具有发展粮食生产的优越自然条件，还有先进的农业科学技术，因此，粮食生产水平一直处于世界领先地位，粮食产量接近全球粮食总产量的一半。非洲撒哈拉沙漠以南地区，人口与土地的比例严重失调，自然条件差，很多国家粮食短缺，大量人口营养不良。

我国人均可耕地少，人口众多，是世界人口第一大国，人口已超过13亿，而且还在以每年700万的速度增加，而人均可耕地的面积也处于较少的水平，虽然我们是农业生产大国，但我们的粮食人均水平远远低于世界平均水平。人均粮食拥有量还不到400千克。

这种国情是我们要面对的现实，因此，节约粮食就应该成为每个中国人的最高美德，这是生存的

需要。自古以来人们就认为，节约粮食是尊重他人劳动的美德，现在看来不仅如此，节约粮食还是一种社会责任，我们吃饱了，也不要忘记世界上还有几亿人在企盼着粮食供充饥。更重要的是粮食是人类生存最为重要的资源，粮食是社会安定最为重要的基础。在牛津大学的一间餐厅里，一位中国的留学生，看到了那里的学生最后一块面包的吃法，是用来蘸着汤盘里的残汤送进嘴里的，他们用过餐的餐盘中很干净，就像洗过一样。

粮食的问题已取得全世界人们的绝对共识，联合国粮农组织因此才把秋季时节里的10月16日，定为世界粮食日，从粮食日起的一周内，定为爱粮节粮宣传周。

鼓舞人心的现代农业前景

人口在不断地增加，人均可耕地也就会相应地在减少，但科学技术却在不断地进步。科学家们想出了农业工厂化的途径，占地较少，垂直生产农产品的植物工厂应运而生。

植物工厂的概念最早是由日本提出来的。植物工厂是通过设施内高精度环境控制实现农作物周年连续生产的高效农业系统，是利用计算机对植物生育的温度、湿度、光照、一氧化碳浓度以及营养液等环境条件进行自动控制，使设施内植物生育不受或很少受自然条件制约的省力型生产。

植物工厂是现代农业的重要组成部分，是科学技术发展到一定阶段的必然产物，是现代生物技术、建筑工程、环境控制、机械传动、材料科学、设施园艺和计算机科学等多学科的集成创新、知识与技术高度密集的农业生产方式。

1957年世界上第一家植物工厂诞生在丹麦，1974年日本等国也逐步发展起来。美国犹他州立大学试验用植物工厂种植小麦，全生育期不到两个月，一年可收获4—5次。1964年奥地利开始试验一种塔式植物工厂（高30米、面积5 000平方米）。1971年丹麦也建成了绿叶菜工厂，快速生产独行菜、鸭儿芹、莴苣等。1974年日本建成一座电子计算机调控的花卉蔬菜工厂，该厂由1栋2层的楼房（830平方米）和两栋栽培温室（每栋800平方米）构成，在一年内生产两茬郁金香、两茬垄民花、一茬番茄，做到周年生产。

至1998年，日本已有用于研究展示、生产的植物工厂近40个，其中生产用植物工厂17个。2004年，中国农业大学开发了利用嵌入式网络式环境控制的人工光型密闭式植物工厂。

从建设规模上来分可分为大型（1 000米以上）、中型（300—1 000米）和小型（300米以下）三种。从生产功能上可分为植物种苗工厂和商品菜、果、花植物工厂，还有一部分大田作物、食用菌等。从其研究对象的层次上又可分为以研究植物体为主的狭义的植物工厂、以研究植物组织为主的组培植物工厂、以研究植物细胞为主的细胞培养植物工厂。按光能的利用方式不同来划分，共有三种类型，即太阳光利用型（简称太型）、人工光利用型或者叫完全控制型（简称完型）、太阳光和人工光并用型（综合型）。其中，人工光利用型被视为狭义的植物工厂，称为密闭式植物工厂或者叫完全控制型（简称完型），它是植物工厂发展的高级阶段。

广义上来说，植物工厂分为温室型半天候的植物工厂和封闭式全天候的植物工厂，包含了豆芽菜、蘑菇、萝卜缨等的生产工厂；半自动控制的温室水耕系统；种苗繁育系统或人工种子生产系统。

　　植物工厂的共同特征是：有固定的设施；利用计算机和多种传感装置实行自动化、半自动化对植物生长发育所需的温度、湿度、光照强度、光照时间和一氧化碳浓度进行自动调控；采用营养液栽培技术；产品的数量和质量大幅度提高。

　　走进植物工厂，室内布满栽培架，上面种满生菜、小白菜等蔬菜植物。墙上的显示屏正报告着温度、湿度等数据。

　　植物工厂是国际上公认的设施农业最高级发展阶段，是一种技术高度密集、不受或很少受自然条件制约的全新生产方式。目前，仅有日本、美国等少数发达国家掌握了这项技术。植物工厂以节能植物生长灯和LED为人工光源，采用制冷——加热双向调温控湿、光照——二氧化碳耦联光合与气肥调控、营养液在线检测与控制等13个相互关联的控制子系统，可实施对植物工厂的温度、湿度、光照、气流、二氧化碳浓度以及营养液等环境要素进行自动监控，实现智能化管理。

　　通过对工厂内环境的高精度控制，植物的生长在这里几乎不受自然条件的制约，生长周期加快。现在工厂内种植的生菜、小白菜等，20天左右就能收获，而在普通的大田里，则需要一个月到40天的时间。

除了收获快，空间利用率高也是植物工厂的重要特点。在工厂内看到的都是三层的栽培架，从面积上就相当于同样大小露天耕地的三倍，加上其种植密度大，植物工厂的产量可以达到常规栽培的几十甚至上百倍。除蔬菜种植之外，植物工厂在育苗上也有应用。在黄瓜和番茄的育苗方面都做了实验。相比蔬菜生产，育苗的周期更短，一般为一周左右。虽然常规栽培的周期也不是很长，但在育苗的整齐和健壮度上不如工厂的产品。毕竟大田的不可控因素太多，今天光照也许很好，但明天可能阴天，后天有可能降温，而这些在工厂里都可以得到控制。

不靠太阳不用土，只是营养液在循环，用来固定植株的塑料泡沫板掀起，原来植物的根系根本不是生长在土壤里，而是完全浸泡在营养液中，土壤的作用是提供营养元素和水分，而营养液除了提供水分，也提供了植物生长所需的各种元素，包括氮磷钾等大量元素及锌铁锰等微量元素，因此没有必要使用土壤栽培。无土栽培的技术现在已经非常成熟，而且水栽

比土栽的生长周期要快很多，这也是使用水栽的重要原因。

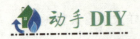 动手 DIY

❧ 粮食作物种子标本 ❧

种子是裸子植物和被子植物特有的繁殖体，是植物繁衍后代的重要基础。

种子由胚珠经过传粉受精形成。它一般由种皮、胚和胚乳三部分组成，有的植物成熟的种子只有种皮和胚两部分。

种子与人类生活关系密切，除日常生活必需的粮、油、棉外，一些药材（如杏仁）、调味品（如胡椒）、饮料（如咖啡、可可）等都来自种子。

◎ 准备

厚一些的泡沫板、种子、多个小玻璃瓶、标签纸、笔、美工刀

◎ 过程

（1）按照准备好的玻璃瓶的大

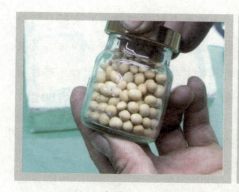

小用笔在泡沫板上画出格子，每个格子间要有一定的距离。

（2）用美工刀把画好的格子刻成凹槽。

（3）比较凹槽的大小和玻璃瓶是否吻合，进行加工。

（4）把种子分别装入小玻璃瓶中，把盖子盖好。

（5）用标签纸写上每样种子的名称，粘在瓶身上，这个标本就制作完成了。

 小贴士

粮食作物

粮食作物包括小麦、水稻、玉米、燕麦、黑麦、大麦、谷子和高粱等，其中三种作物（小麦、水稻和玉米）占世界上食物的一半以上。粮食作物是人类主要的食物来源。

与蔬菜和果树不同的是，粮食作物的种子含水较少。因此，它们比蔬菜或水果耐贮存。很久以前人们就开始种植它们。

粮食作物是谷类作物（包括稻谷、小麦、大麦、燕麦、玉米、谷子、高粱等）、薯类作物（包括甘薯、马铃薯、木薯等）、豆类作物（包括大豆、蚕豆、豌豆、绿豆、小豆等）的统称，亦可称食用作物。其产品含有淀粉、蛋白质、脂肪及维生素等。栽培粮食作物不仅为人类提供粮食和某些副食品，以维持生命的需

要，并为食品工业提供原料，为畜牧业提供精饲料和大部分粗饲料，故粮食生产是多数国家农业的基础。通常，粮食作物也是农作物中的主导作物，世界粮食作物种植面积约占农作物总播种面积的85％，其中小麦、稻谷和玉米约占世界粮食总产量的80％。中国是世界上最大的产粮国，粮食总产量及稻谷、小麦、谷子、甘薯的产量均居世界前列。

植物种子标本的保存

作为植物种子的标本，应选择那些成熟、饱满、完整、特征典型的种粒，并在充分干燥以后再保存。

如果需要长期保存，可以将种子分装在牛皮纸袋内，袋外用铅笔注明标本名称或加贴标本签，然后放进种子标本柜保存。标本柜的样式与苔藓植物标本柜相同，管理方法也同苔藓植物标本一样。

种质库

用来保存种质资源（一般为种子）的低温保存设施。

国家种质库是全国作物种质资源长期保存与研究中心，于1986年10月在中国农业科学院落成，隶属于作物品种资源研究所。

国家种质库的总建筑面积为3 200平方米，由试验区、种子入库前处理操作区、保存区三部分组成。保存区建有两个长期贮藏冷库，总面积为300平方米，其容量可保存种质40余万份。

国家种质库保存对象是农作物及其近缘野生植物种质资源，这些资源是以种子作为种质的载体，其种子可耐低温和耐干燥脱水。国家种质库在接纳到种子后，须对种子进行清选、生命力检测、干燥脱水等入库保存前处理，然后密封包装存入-18℃冷库。一般作物种子寿命可保存50年以上。至2001年底，国家种质库贮存的种质数量已达到33万余份，长期保存的种质数量处于世界第一，为我国作物育种和生产提供了雄厚的物质基础。

观察与调查

❧ 飞行蓝天的航空器 ❧

从古代开始，人类就通过自身的努力和开拓，制造风筝和热气球等飞行工具，来追求伟大的梦想。在往后的几百年里，无数的飞行先驱者不断努力尝试飞行，终于在1903年12月17日，由莱特兄弟研制的"飞行者"1号飞机首先试飞成功。此后几十年的光阴里，飞机从实验室走向了战场，正因在战场上的应用而使得其飞速发展，最终在后来被应用到民航中，而使其作用发扬光大。

古代人类的飞天梦

自古以来人类就梦想像鸟一样飞上天空，并且有许许多多的人先后做过无以计数的实验，甚至有许多人为此献出了宝贵的生命。也有许多人编写了无数美丽的传说，说出了人们美好的愿望。但是，终因人们对我们这个世界了解有限，所以，人们几千年的飞天梦一直到了近代也没有实现。

在考古发现的壁画及出土文物中，我们可以见到古代人

们飞上蓝天的幻想。古代欧洲有身生双翅的飞人石雕，在埃及神话中，也有类似的图像，在古亚述神话和希腊神话中还可看到会飞的牛和马。

山东嘉祥出土的东汉武氏石室的石刻图画中，有长着两翼和四翼会飞的人；甘肃敦煌石窟里有隋朝的壁画，画着羽人的像，也有飞天女。不仅如此，一些传说、神话中更具体地表述了人们在天空飞翔的美好意愿。

古人向往飞行，他们认为长了翅膀的东西就能飞行。人要是想飞，就应该学鸟的样子，也长出两个翅膀来，或是做出两个翅膀安装在人的身上。

古希腊的神话中，有代达罗斯父子飞向太阳的故事。建筑师代达罗斯和他的儿子伊卡洛斯为逃脱诺斯国王的囚禁，返回自己的故乡雅典。他们用蜡和羽毛为自己制造了翅膀，飞逃了出来。他们在天空翱翔越飞越远。后来，儿子不听父亲的忠告，靠近了炽热的太阳，结果粘住羽毛的蜡熔化并使羽翅燃烧，伊卡洛斯在失去了翅膀后坠入大海，而代达罗斯却扇动翅膀成功地飞越了爱琴海，顺利地到达了目的地。

据《火箭和喷气发动机》介绍说："约当14世纪之末，有一位中国的官吏叫万户，他在一把座椅的背后，装上47枚当时能买到的最大的火箭。

他把自己捆绑在椅子的前边，两只手各拿一个大风筝。然后叫他的仆人同时点燃47枚大火箭，其目的是想借火箭向上推进的力量，加上风筝上升的力量飞向前方，他的目标是月亮……"遗憾地是他并没有成功，最后摔落下来，为幻想付出了生命的代价。

20世纪70年代的一次国际天文联合会上，月球上一座环形山被命名为"万户山"，以纪念这位"人类第一个试图利用火箭飞行的人"。

中国古代民间故事中，鲁班造木鸟的科学幻想故事也被人们传诵。并被记入古代的文献中。鲁班出身于工匠世家，从小就学得一手好手艺，除了智慧异于常人，还有极为丰富的实践经验。据传他发明木工锯子、墨斗等许多木工工具。鲁班所有发明中最有亮点的，是他制造出了人类最早的"飞行器"——木鹊。

这种"飞行器"世人称之为木鸟。做成以后，鲁班稍动机关，木鸟便能展动翅羽，呼啦一下飞上了云霄。据说飞行了三天，还没落下来。

据《汉书·王莽传》中说：汉朝为了攻打匈奴，王莽广泛征募有特殊技能的人。一天，来了一位打猎的青年称自己会飞，可以从空中侦察匈奴。王莽说：好，那就请你飞起来让我看看吧。这位自称会飞的青年用大鸟的羽毛做了一副大翅膀，用绳子绑在两臂上，他的头和身上都披戴羽毛，把翅膀、羽毛用环和带子系住，只见他把两翼左右平伸，像老鹰一样从高空滑翔下来，飞了几百步远。可惜，由于无法控制速度，他在落地时摔成重伤。这是我国史书上记载的最早的人力飞行试验，这位勇敢的青年可以算是近代滑翔机的创始者了。大约过了1 000年，到1010年，又有一个叫艾莫的英国人也做了飞人试验。他在四肢捆上羽毛做了两对翅膀，从教学的塔楼上飞身而下，他在空中滑翔了大约200米，在快落地时，一阵狂风吹来，吹折了他腿上的翅膀，结果他的飞行也以摔断双腿而告终。

以后，还有很多次类似的试验，可是他们都以失败而告终，1680年，意大利人乔瓦尼·博雷利在《运动的动物》一文中阐明了人类生理上的局限性，指出人离开机器的帮助永远不可能在空中支持自己的体重。这一研究成果具有科学性，他确定人的生理结构和产生的能量，不足以支持人体在空中的重量，以后，这种只靠幻想的冒险飞天活动才逐渐停了下来。从此，人们不再靠自身的力量实现飞天的冒险，而是走上了科学地研究飞行器的征途。

人类翱翔蓝天第一步

人类怎样才能在空中飞行呢？像鸟一样肯定是不行，必须认识空气、研究空气，然后，才是研究载人航空器。这是一件巨大的工程，不是一个人能完成的，也不是短时间可以完成的工程。事实上航空器的研制确实是许多科学家的贡献，是靠许多科学精英的努力实现的。

最早把人们送入空中的是气球，人们乘坐气球升入了空中，第一次感受到了像鸟一样在空中飞行的快乐。气球是一种轻航空器，航空学家们称轻于空气的航空器为轻航空器。气球的重量要比同体积的空气重量轻一些，因此，气球是轻航空器。最早的热气球是由法国的蒙特戈菲尔兄弟发明创造的，这对兄弟是里昂的造纸工人。蒙戈菲尔兄弟被炉火中不断升起的纸屑激发了灵感，遂将热气聚于纸袋中，以使纸袋随气流飞升。他们兄

弟经过了一系列更大规模的热气球试验，终于取得成功。到1783年初夏，经他们改进后的圆周为110英尺的模型气球已经可以飞行一英里半。1783年9月19日，巴黎凡尔赛宫前广场人声鼎沸，蒙戈费尔兄弟做了一场轰动一时的表演，连法国国王路易十六也带着满朝文武来观看。广场上有一只用纸和布糊成的大气球，气球直径12米，高17米，模样像一个柄朝下的大鸭梨。气球下面吊了一个盆状的大柳条笼子，里面有三位光荣的"乘客"——一只鸡，一只鸭和一只羊。兄弟俩点燃了放置在气球下面的干柴等物，热气冲进了气球，于是气球缓缓上升到500米的空中。在激动的观众面前，这只气球用8分钟时间飞行了3公里后，安全降落在城外的草地上。

路易十六见状喜出望外，决定下次升空要作载人飞行。为防止意外，他提出让两名死囚先坐进吊篮。谁知，他的提议引起群情哗然，谁都不同意让死囚去享受人类第一次升空壮举的荣誉。经过激烈竞争，医生、化学教授罗齐埃和陆军少校达尔朗德候爵乘上了热气球。两人乘坐的热气球形状为椭圆形，直径15米，高22米。在几万名观众的欢呼声中，他们升上300米左右的天空，飞越了塞纳河，飞行航程4英里，飞行留空时间25分钟，最后他们安全降落在蒙马尔特，这是人类历史上第一次气球载人飞行。可以说，早在莱特兄弟的飞机发明前120年，热气球便已引导人类开始了最初的飞翔。

年轻的物理学家查理教授，从前人的研究中得知，氢气是空气中最轻的一种气体，人类可以利用氢气飞行。当时法国工程师罗伯特兄弟已研究出在丝绸上涂橡胶的方法，这是当时最好的不透气材料。在罗伯兄弟的帮助下，查理造出了世界上第一个氢气球。但是该气球在首次试验中就爆炸了。当时的观看者曾有人质问："气球有什么用呢？"美国科学家、外交家本杰明·富兰克林作为当时的观看者之一，以一句著名的话反问道："一个刚出生的孩子又有什么用呢？"

查理并没有气馁，他认真研究了失败的原因，发现是气球升到高空时空气压力降低，气囊内氢气剧烈膨胀而引起爆炸。于是他在气囊上安装了排气用的通气管，还为气球配装了砂袋和气阀，以控制飞行状态。1783年12月7日，查理和马里诺埃尔·罗伯特乘坐改进后的氢气球完成了氢气球的首次载人飞行。

在当代，热气球已经成为热爱者的一项运动，有许多爱好者钟爱这项运动，在世界许多地方都能看到他们的飞行比赛或表演。

据记载，相传我国古代三国时期的诸葛亮就发现了热气球升空的原理，并在一次战争中用这一原理制作的灯传送信息。因诸葛亮字孔明，所

以人们称这种灯为孔明灯。

孔明灯出现在公元200年左右，这比欧洲人发明的热气球要早1 000多年。不过，欧洲人的发明却奠定了人类飞天的基础，而中国人的热气球原理却没有得到发展，而只是一种类似实验的原理演示，并没有发展成载人航空器，直到现在孔明灯也只是作为一种喜庆的玩具而已。因此，我们不得不羡慕法国人的发明，而谦虚地向先进的理念学习。

滑翔机的发明

载人气球使人类完成了登上蓝天的第一步，自由地在天空翱翔这一创举更加鼓舞了人们的士气。人们又想到了自由翱翔蓝天还需要有更加完美的航空器。

于是，在欧洲的许多航空研究者纷纷研制新型的航空器——飞机。其中杰出的代表人物就是英国的著名空气动力学家乔治·凯利。

飞机的发明者奥维尔·莱特曾这样评价凯利：“我们的成功完全要感谢那位英国绅士乔治·凯利，他写的有关航空的原理，他出版的著作，可以说毫无错误，实在是科学上最伟大的文献。”乔治·凯利就是著名的空气动力学专家，被世人公认为空气动力学之父。

凯利10岁时，听说法国人罗齐尔做了第一次载人气球飞行，便开始对航空产生了兴趣和向往。1792年，他使用一种玩具做了一连串试验，这种玩具名叫“中国飞陀螺”。1804年，他写了第一篇有关人类飞行原理的论文。

凯利提出，现代飞机不应模仿鸟类振翼而飞，而应采取固定翼飞机加推进器的模式。在他的论文中详尽地描述了现代飞机的轮廓，为后来的空气动力学奠定了基础。他认为适当的安定性，要在设计翼面时取一点点角度而获得，这就是现代飞机的上反角。机尾必须有垂直和水平的舵面，这同现代飞机完全相同。

但困扰凯利多年的问题就是没有合适的动力，当时的蒸汽机又大又笨重，根本不可能将凯利的飞机送上天空，不得已他转向了载人无动力滑翔机的研究。

1801年，他开始研究风筝和鸟的飞行原理，于1809年试制了一架滑翔机。他记述说：滑翔机不断地把他带起，并把他带到几米外的地方。但在后来的试验中，这架滑翔机被撞毁了。1847年，已是76岁的凯利制作的一架大型滑翔机，两次把一名10岁的男孩带上天空。一次是从山坡上滑下，一次是用绳索拖曳升空，飞行高度为2—3米。4年后，有人操纵的滑翔机第一次脱离拖曳装置飞行成功，凯利的马车夫是第一个离地自由飞翔的人，飞行了约500米远。

凯利对飞行原理、空气升力及机翼的角度、机身的形状、方向舵、升降舵、起落架等都进行了科学的研究和试验，他首次把飞行从冒险的尝试上升为科学的探索。

俄罗斯的发明家莫扎伊斯基，曾对海船的螺旋桨和鸟类的飞行进行了长时期的研究。为解决产生升力的问题，分多次乘由三匹马拉着的大风筝升到空中作飞行试验。在制造飞机之前，他按照自己的设计

缩小做了许多模型飞机，这些模型具有现代飞机的各个基本部分，三个螺旋桨是由钟表发条带支撑的。这些模型不但能在地上滑跑，而且还能凌空翱翔。模型飞机的试验证实了他在飞机大小形状、总罩工面特性、螺旋桨拉力和重量等方面所作的计算和推测，并据此设计和制造了自己的第一架飞机。1882年7月20日，在彼得堡附近的红村，由他设计的滑翔机终于飞上蓝天。

奥托·李林塔尔是德国工程师和滑翔飞行家，世界航空先驱者之一。他最早设计和制造出了实用的滑翔机，人们称他为"滑翔机之父"。

李林塔尔1848年5月23日出生于安克拉姆，1896年8月10日死于柏林。他酷爱飞行，青少年时曾搞过"飞人"实验，成年之后，他以业余时间系统观察飞鸟，1889年，李林塔尔写成了著名的《鸟类飞行——航空的基础》一书，论述了鸟类飞行的特点。

李林塔尔注意积累数据，总结经验，纠正了前人"多层叠置窄条翼"的片面做法，第一次提出了"曲面机翼比平面机翼升力大"的观点，为后来飞机的发明成功作出了决定性的贡献。

从1871年起，他就热衷于研究和制造滑翔机，他利用所有余暇研究空气动力学、试制飞机和驾机试飞。他所著《鸟类飞行是航空的基础》一书被后来的飞行探索者奉为经典之作。他于1891年制作了第一架固定翼滑翔

机，两机翼长7米，用竹和藤作骨架，骨架上缝着布，人的头和肩可从两机翼间钻入，机上装有尾翼，全机重量约2公斤，很像展开双翼的蝙蝠。他把自己悬挂在机翼上，从15米高的山岗上跃起，用身体的移动

来控制飞行。滑翔机的在气流作用
下，轻盈地滑翔，在 90 米外安全降
落，从而肯定了曲面翼的合理性。这
是世界上第一架悬挂滑翔机。1896 年
8 月 9 日，他驾驶滑翔机在里诺韦山遭
遇强风而坠落，后因伤重而去世。他
留给后人的最后一句话是：必须作出
牺牲。德国人为了纪念他的功绩，为
李林塔尔树立了一座纪念碑，上面写
着"最伟大的老师"。

李林塔尔虽然死了，但他给后人
留下的遗产是巨大的。后来的飞行探
索者，包括第一架动力飞机的发明者莱特兄弟，都从李林塔尔的研究试验
成果和勇敢探索精神中吸取了宝贵的经验。

1914 年德国人哈斯研制出第一架现代滑翔机，它不仅能水平滑翔，还
能借助上升的暖气作爬高飞行，并且其操纵性能更加完善。从此，滑翔机
进入了实用阶段。在第二次世界大战期间，滑翔机曾用来空降武装人员和
运送物资。

莱特兄弟的"飞行者"飞机

气球、飞艇、滑翔机一个个初期的航空器翱翔在蓝天，激动的人们一
次次狂欢，并吸引了众多科研人员的关注，使他们也纷纷加入到研制新型
航空器的队伍中。

工业革命以后，科学技术得到了迅猛的发展，人们对世界的了解和认
识不断的加深，人们在 18 世纪后才进入了实现飞天梦想的边缘。

气球、气艇的发明使人们看到了自由翱翔蓝天的前景，人们对翱翔蓝
天有了更充分的信心，有许多勇于实践的人都在研究更好的飞行器。

18世纪以来，就有德国的李林塔尔、俄国的莫查伊斯基、茹科夫斯基、英国的凯利、美国的兰利、查纽特、法国的阿代尔等许多航空科学的先驱者们在研制新一代航空器。

他们的实践、研究成果，为新一代航空器的诞生提供了充分的理论和经验。

李林塔尔是工程师和滑翔飞行家，他最早设计和制造出实用的滑翔机，第一次提出了"曲面机翼比平面机翼升力大"的观点，为后来飞机的发明成功做出了决定性的贡献。

凯利首先提出了利用固定机翼产生升力以及利用不同的翼面控制和推进飞机的设计概念。这是由多年来尝试的飞机扑翼方案转向定翼构型方案，也是使飞机走向成功的关键一步。

牛顿说过："如果说我所看到的比笛卡尔更远一点，那是因为我站在巨人肩上的缘故"。

美国的莱特兄弟，就是站在巨人肩上的伟大发明家。莱特兄弟出生在一个牧师的家庭里，他们没有接受过高等教育，兄弟俩开了一家自行车修理铺。由于他们俩从小养成了动手动脑、喜欢创新发明的习惯，他们对那些探索航空的先驱者惊羡不已，也对航空器的发明产生了浓厚的兴趣。他们自学德文，读起了李林塔尔的著作，学习先驱者们探索的理论。他们在小小的自行车修理铺里研究、制造人类从没有见过的飞机。

他们在许多前人研究的基础上，加以他们自已的研究成果，经过不懈的努力，终于在1903年12月17日，把他们亲手研制的"飞行者"1号飞机送上了天空，开创了人类航空新时代。

"飞行者"1号是一架普通双翼机，它的两个推进式螺旋桨分别安装在驾驶员位置的两侧，由单台发动机链式传动。

1904年，莱特兄弟制造了装配有新型发动机的第二架"飞行者"，在代顿附近的霍夫曼草原进行试飞，最长的持续飞行时间超过了5分钟，飞行距离达4.4千米。

1905年又试验了第三架"飞行者"，由威尔伯驾驶，持续飞行38分钟，飞行38.6千米。

飞机发明后不久，就首先用于第一次世界大战，在战争中飞机的制造技术、制造业得到了迅速地发展，这期间又有许多飞机的制造技术不断的被发明出来。

现代飞机结构一瞥

大多数飞机由五个主要部分组成：机翼、机身、尾翼、起落装置和动力装置。

机翼的主要功用是为飞机提供升力，以支持飞机在空中飞行，也起一定的稳定和操纵作用。机翼上可安装发动机、起落架和油箱等。机翼有各种形状，数目也有不同。在航空技术不发达的早期，为了提供更大的升力，飞机以双翼机甚至多翼机为主，但现代飞机一般是单翼机。

机身的主要功用是装载乘员、旅客、武器、货物和各种设备；还可将飞机的其他部件如尾翼、机翼及发动机等连接成一个整体。但是飞翼是将机身隐藏在机翼内的。

尾翼包括水平尾翼（平尾）和垂直尾翼（垂尾）。水平尾翼由固定的水平安定面和可动的升降舵组成（某些型号的民用机和军用机整个平尾都是可动的控制面，没有专门的升降舵）。垂直尾翼则包括固定的垂直安定面和可动的方向舵。尾翼的主要功用是用来操纵飞机俯仰和偏转，以及保证飞机能平稳地飞行。

起落装置又称起落架，是用来支撑飞机并使它能在地面和其他水平面起落和停放。陆上飞机的起落装置，一般由减震支柱和机轮组成，此外还有专供水上飞机起降的带有浮筒装置的起落架和雪地起飞用的滑橇式起落架。它是用于起飞与着陆滑跑、地面滑行和停放时支撑飞机的。

一般的飞机起落架有三个支撑点，根据这三个支撑点的排列方式，往往分为前三角起落架和后三角起落架。其中，前三角起落架指前面一个支撑点，后面两个支撑点的起落架形式，使用此类起落架的飞机往往静止时仰角较小，在起飞时很快就可以达到很高的速度，当速度达到一定的值时，向后拉起操纵杆，压低水平尾

翼，这时前起落架会稍稍抬起，瞬间机翼的两面风速差达到临界，飞机得到足够的升力后即可起飞；后三角起落架采用的是前面两个支撑点，后面一个支撑点的形式，使用此类起落架的飞机往往静止时仰角较大，当飞机在跑道上达到一定速度的时候，机翼两面的风速差即可达到一个临界，此时后起落架会被抬起，驾驶员继续推油门杆，同时向后拉操作杆以控制飞机平衡，当速度达到一定的值时，飞机即可起飞。

动力装置是主要用来产生拉力或推力，使飞机前进的。其次还可以为飞机上的用电设备提供电力，为空调设备等用气设备提供气源。

现代飞机的动力装置主要包括涡轮发动机和活塞发动机两种，应用较广泛的动力装置有四种：航空活塞式发动机加螺旋桨推进器，涡轮喷射发动机，涡轮螺旋桨发动机，涡轮风扇发动机。随着航空技术的发展，火箭发动机、冲压发动机、原子能航空发动机等，也有可能会逐渐被采用。动力装置除发动机外，还包括一系列保证发动机正常工作的系统，如燃油供应系统等。

　　飞机除了上述五个主要部分之外，还装有各种仪表、通讯设备、领航设备、安全设备和其他设备等。

一展雄姿的现代飞机

　　飞机自发明以来，至今已有100多年的历史，这一个多世纪来，飞机已经自由的来往于几大洲之间，这种交通工具成为人们喜爱的交通工具之一。这种交通工具具有许多优点，第一个优点是航空旅行速度最快，目前喷气式客机的时速在每小时900千米左右；机动性高，飞机飞行不受高山、河流、沙漠、海洋的阻隔，而且可根据客、货源数量随时增加班次。

　　第二个优点是安全系数高。据国际民航组织统计，民航平均每亿客公里的死亡人数为0.04人，是普通交通方式事故死亡人数的几十分之一到几百分之一，是比火车更为安全的交通运输方式。

　　当然，飞机也存在某些不足。例如，飞机容易受天气情况影响。虽然现在航空技术已经能适应绝大多数气象条件，但是风、雨、雪、雾等气象条件仍然会影响飞机的起降安全。

飞机受起降场地的限制，会造成进出机场短途交通的不便。飞机必须在飞机场起降，一个城市最多不过几个飞机场，而且机场受周围净空条件的限制，也必须建造在离市区较远的郊区。由于从飞机场到市区往往需要一次较长的中转过程，因此会给人们在进入机场、走出机场时带来不便。所以飞机只适用于重量轻，时间要求紧急，航程又不能太近的运输。

现代的飞机用于军用、民用两大领域。民用飞机除客机和运输机以外还有农业机、森林防护机、游览机、体育机，试验研究机、气象机、特技表演机、执法机等。

我们常见的就是大型客机、中小型客机，远途旅行都要乘坐大型客机，这种客机最常见的还要数波音和空客系列了。

欧洲空中客车工业公司研制生产的四发远程550座级超大型宽体客机A380，投产时是全球载客量最大的客机。A380为全机身长度双层客舱四引擎客机，采用最高密度座位安排时可承载850名乘客，在典型三舱等配置（头等—商务—经济舱）下也可承载555名乘客。A380在投入服务后，打破波音747在远程超大型宽体客机领域统领35年的纪录，A380的出现结束了波音747在大型运输机市场30年的垄断地位。

波音系列客机也是世界空运中的佼佼者，曾在各国荣耀统领了35年空中客运市场。

其中，波音737系列飞机，是美国波音公司生产的一种中短程双发喷气式客机，世界上任何时候天空中都有近1 000架737在飞翔。可见，波音737系列的成功之举。

小型客机更是多种多样，竟显出许多个性，在用途方面也是各显其能。

消防、救援小型飞机机动灵活。消防飞机有水上飞机，也有直升飞机，他们可以快速的将消防队员转运到灭火现场，灭火队员或是跳伞，或是由直升机上索降，也可以把距离很远的水域中的水，用水箱运到火灾现场。消防直升机还可进行现场急救火场人员。

在农林业中也有小型飞机的身影，大片林木、农作物的灭虫都使用飞机作业，这种方法可以喷药均匀，节省人工，灭虫效率大大提高。

医疗救护飞机就是一个小型的会飞的医院，世界著名的飞行眼科医院，就设在一架飞机上，它既是医院，又是飞机。这是世界上独一无二的飞机医院，名字叫奥比斯眼科飞机医院。

在机舱中部的激光室，这里四周是器皿柜和工作台，中间摆放着4台激光治疗设备，与医院的治疗室没有两样，这里可以进行激光手术。机上有20多名工作人员，为奥比斯工作的医生、护士都是来自世界各地的志愿者。当然，机动灵活的救护直升机，更是小巧灵便，随时可停在山村的空地上，把需要急救的被毒蛇咬伤者，用飞机送到城里的大医院，在登上飞机那一刻，就可以在机上进行必要的输血、吸氧、止血等紧急抢救。

安—225是乌克兰安东诺夫航空科研技术联合体研制的世界上最大的6发涡扇重型运输机。1985年中期开始设计研究，1988年12月21日原型机首飞，1989年5月13日首次做了背带"暴风雪"号航天飞机的飞行。至今只生产了两架这样的飞机。

安—225货舱内可装载16个集装箱，可装载大型航空航天器部件和其他成套设备，或天然气、石油、采矿、能源等行业的大型成套设备和部件。

机背能负载超长尺寸的货物，如直径7—10米、长20米的精馏塔、俄罗斯的"能源"号航天器运载火箭和"暴风雪"号航天飞机。

用这架飞机可以整体运送这样的大型器件，飞机把大型器件从生产装配厂整运至使用场所，这既保证了产品质量，又缩短了运输周期。

机上带有自动飞行操纵系统和活动地图显示器。设有电子飞行显示器，机头内装有前观气象雷达和下视地面地图，有惯性、罗兰和欧米加导航设备。飞机不仅广泛应用于民用运输和科学研究，还是现代军事里的重要武器。

 小贴士

地效飞行器——一种新型的运输工具

地效飞行器是一种正在研究、开发的新型的运输工具。在20世纪下半叶，前苏联就研制成功并首先装备了部队，那个被称为"里海怪物"的地效飞行器在里海的行动震惊了世界，特别引起了美国的注意，因为不知道这是何物，所以才管他叫"里海怪物"。

这个用于军事方面的地效飞行器可运载800名人员，其速度和早期的飞机相似，它一出现就显示了载重量大、速度快的优势，显示出了强大的生命力和广阔的前景，引起了许多国家的重视。以后，俄罗斯又研制出了"伏尔——2"地效飞行器，这个飞行器时速可达每小时140公里，可在海上、江河航行，不受海浪、水坝的限制和影响。

在前苏联研制地效飞行器取得成功后，美国、日本等一些国家也开始了研究地效飞行器，并取得了一系列的成果。

地效飞行器的诞生，归功于一起转危为安的飞行故事。那是在二战时，一架德军的飞机遭遇攻击后，即将坠落，飞机急速的下降，直到飞机在离水面10米时，突然，奇迹出现了！飞机平稳下来，竟然不再下坠，并滑过水面向岸边滑降下去，最后安全的降落在岸边。后来这一奇怪的现象，引起了科学家的兴趣和思考，他们发现了地面效应原理。

地面效应原理就是当飞行器在距地面或水面约有10米时，它

的机翼、机身和地面之间形成了气动压力。这种压力能使飞行器的升力加大，诱导阻力减小，升阻比可提高2.5倍左右，这种现象叫做地面效应。科学家们发现，飞行器在离海平面几米高度飞行时，地面效应更加明显。

地面效应可大大的节省动力，节省燃料消耗，发动机的功率也可减小，因此，这意味着飞行器的承重将大大增加，也就是说飞行器的负载量增大了。

地效飞行器速度快，设计时速可达每小时550公里，接近飞机的速度，比轮船的速度快得多。地效飞行器安全性高，在飞行时仅离水面几米高，不像轮船惧怕风浪和礁石，也不像飞机那样会发生坠机事故。有些科学家预言地效飞行器极有可能会成为21世纪的交通工具之一。

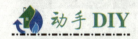

❦ 弹射纸板飞碟 ❦

飞碟是人们感兴趣的话题之一，用塑料制作的飞碟又是人们锻炼身体的一种玩具。根据上凸下凹的近似于平面的较轻圆形物体，可以在空中旋转飞行的原理，我们也可以用纸板做一个纸飞碟。

◎ **准备**

纸板、白胶、圆规、尺、铅笔、剪刀、橡筋

◎ **过程**

（1）在纸板上画出两个同心圆，然后在外圆画出三个120°的弧、连接这个弧的顶点；在纸板上再画一个稍大于前一个的圆，然后再画出剪开

口。

（2）剪下飞碟的顶部和边缘圈。照此做出两片，并把两片粘在一起，用重物压平，以提高刚度。将边缘圈的中心挖去呈环形。

（3）将飞碟的顶部沿半径剪开一个口；在粘合口处涂上白胶，粘成飞碟顶部。

（4）沿草帽形的边沿涂上白胶，对准环形圈粘在中间。草帽形的飞碟

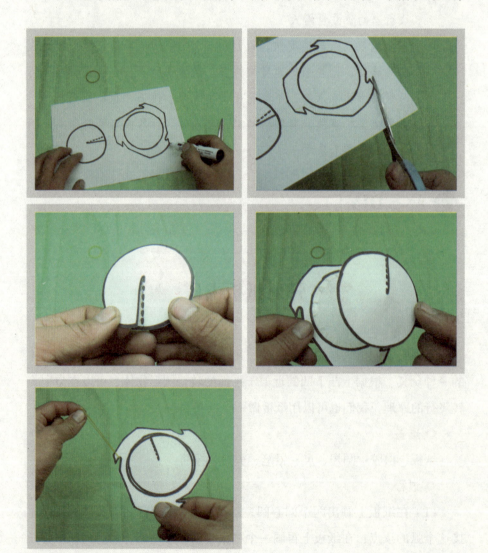

做成了。

（5）用橡筋套在任意一个弹射勾上弹射飞碟，飞碟就会弹向空中平稳的飞行。

◎ 柯博士告诉你

这个由纸板做的飞碟向空中弹出时，旋转的飞碟就会在空中飞行一段时间。

纸板飞碟的形状是这个飞碟产生升力的主要原因之一，而橡筋的弹射力为飞碟提供了动能。

这个飞碟的形状像似一个草帽，它的上部凸起，下部向里凹，在飞碟弹起时，飞碟在空气中的运动使飞碟的上下部分产生了压力差，使运动中的飞碟产生了升力，因此飞碟能在短时间里飞行。

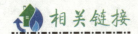
相关链接

❧ 圆形飞行器 ❧

目前，美国公司成功研制了一种像飞碟一样的飞行器，预计这款新颖飞行器将很快投入市场。它非常像飞碟，却并不能在太空中飞行，只能脱离地面3米高，以每小时120公里的速度飞行。

这款非常值得期待的"飞碟"有两个座位，可以垂直起飞和降落，其尺寸

大小与传统汽车差不多。2009年，美国加利福尼亚州莫勒国际公司希望能够生产此种个人娱乐型飞行器。

圆形设计的飞行器还具有很大的优势，它比直升机等其他垂直起飞降落的飞行器飞行速度快，它没有轻薄的机翼，很难被雷达探测到，便于实现隐蔽性勘测任务。

虽然这样的飞碟飞行器具备许多优点，但是这项技术仍存在着诸多缺点，最大的挑战就是圆形飞行物飞行时非常不稳定，为了克服这些障碍，摩勒国际公司的飞碟飞行器采用先进的推进系统实现稳定，该飞行器使用8个小管道风扇，每个风扇装配旋转发动机，这样可以使圆形飞行器在空中飞行，并推动其向前、向后或者斜侧飞行。这种飞行器采用铝和玻璃纤维等超轻材料制造，这将增大飞行器的强度和飞行功率。

由于其飞行高度限制在3米左右，因此，即使未通过美国航天标准飞行员资格认可也能驾驶。

关于UFO

UFO全称Unidentified Flying Object，中文意思是不明飞行物。

　　20世纪以前较完整的不明飞行物目击报告有350件以上。据目击者报告，不明飞行物外形多呈圆盘状（碟状）、球状和雪茄状。20世纪40年代末，不明飞行物目击事件急剧增多，引起了科学界的争论。持否定态度的科学家认为很多目击报告不可信，不明飞行物并不存在，只不过是人们的幻觉或是目击者对自然现象的一种曲解。肯定者认为不明飞行物是一种真实现象，正在被越来越多的事实所证实。到20世纪80年代为止，全世界共有目击报告约10万件。

　　人们对UFO作出种种解释，其中有：

　　1.某种还未被充分认识的自然现象或生命现象；

　　2.对已知物体、现象或生命物质的误认；

　　3.特定环境下一些社会群体或个人的幻觉，心理现象及弄虚作假；

　　4.地外高度文明的产物。

　　5.在外星人的操纵下造成的。

　　6.人们不能自己制造，不能完全认识的智能飞行物或飞行器。

　　全世界许多国家开展对UFO的研究，关于UFO的专著有350余种，各种期刊近百种。世界各国均有一批专家参加此项工作，中国也建立了以科技工作者为主的民间学术研究团体——中国UFO研究会。中国关于UFO的科普刊物《飞碟探索》于1981年创刊。

　　其实，到现在科学家仍没有查出UFO的真相，UFO的谜团仍然困扰着人们，至于何时揭开这个谜团也无从知晓。

弹射飞机模型

　　飞机是人们经常看到的航空器，人们特别喜欢这种航空器，飞机模型的小摆设、收藏品、玩具琳琅满目。自己做一个这样的小摆设，你可以在实践中了解航空知识。

◎ 准备

易拉罐、铁丝、强力胶、剪刀、铅笔

◎ 过程

　　（1）在纸上画出你要做的飞机模型图，然后按模型图用剪刀剪开易拉罐后展平，千万别把易拉罐的铝皮弄皱，否则会影响观赏性。

　　（2）按已画好的飞机模型图分别剪出机身、机翼等各部分的用料。

（3）卷制机头，涂上强力胶粘牢。

（4）卷制机身并粘牢。

（5）把机头和机身粘合在一起，再分别按画出的图剪下水平尾翼、垂直尾翼等部件。

（6）把各部分都粘合在一起组装成一个漂亮的飞机模型。

（7）用易拉罐的顶盖做模型底座，用铁丝做支架，把飞机模型粘合完成。

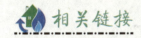

相关链接

飞机模型和模型飞机

飞机模型不同于模型飞机，飞机模型一般只用于装饰等，不可以飞行，是以飞机为形象按一定比例缩小的模型。

模型飞机是指可以飞行且可以通过遥控等方式实现对飞机控制的一种

玩具。机身形象是按一定比例缩小的模型。

飞机模型和模型飞机都是航空爱好者喜欢的。制作飞机模型、制作和操纵模型飞机都是学习航空知识的最好的实践活动。

飞机模型不仅受到大众的喜欢，同时它也在航空研究、空军士兵交流学习战术等方面有着重要作用。我们常能看到空军指挥员和机组人员拿着飞机模型交流的画面。

在飞机的设计、研制过程中，在解决飞机的空气动力性能问题时，飞机模型在风洞中接受测试，以此来提供飞机的最优空气动力性能的数据。

 观察与调查

水中游弋的舰船

我们这个星球水面极其辽阔，奔腾的江河、辽阔的湖泊、无垠的海洋，这里的空间也是自然赐给人类无穷的资源。它们不仅是水中生物的天堂，同时也为人类提供了活动的空间，古代人们就开始利用水道运输，发展了各类水中游弋的舰船，至今舰船也是人们在水中活动的主要交通工具。

早期的人力独木舟和桨划船

船的发明应追溯到远古时代，至于是谁发明了最早的船，已无从考证，因为最早的船是独木舟，那是原始人的一种发明，所以并没有留下任何可靠的记载。

古人为了避免洪水的侵害，他们在无意中发现了一些植物的落叶和树干在水中漂浮的现象，从中得到启示，从而造出了船。

《世本》中就写着："观落叶因以为舟。"意思是古人看到树叶落到水面上并且漂游的情景，于是造出了船。

据科学推断，人类最早发明、制造独木舟的方法大致是：用石器剖开原木的一面并掏挖成凹形，并用木桨划水，这就是最原始的船——独木舟。

世界各地的考古发现，证实了这段发明的历史的推断。在英国约克郡斯塔卡尔的一个沼泽中，发掘出一支公元前7500年的木桨，这支木桨应该是用来划一种独木舟的。而在荷兰的佩塞发现的一只独木舟，其年代约是公元前6300年。这种独木舟可以做得相当大，在英国林肯郡的布里格发现的一只独木舟，竟长达16米，宽1.5米，想必这棵大树已有数百年的树龄了。早期的埃及人和美索不达米亚人可能是用芦苇造船，将捆扎好的芦苇涂上一层树脂，便可在水中航行了。还有的船是用动物皮做成的，古代浮雕中的亚述兵士就乘着这种船过河。古爱尔兰人使用的是柳条舟，这种船用柳条编成，然后蒙上兽皮再涂

上柏油，这也是一种用植物的材料做成的船。另一种简单得多的船是充气的动物皮，如今中国的黄河中上游流域还有这种用动物皮制作的船——羊皮筏子。

在原始人发明制造独木舟的材料中，不管用树木的枝干，或是芦苇、动物的皮等，这些都是大自然中的天然材料，有了石器工具，有了天然材料，就有了发明和制造独木舟的基本条件。

今天的人们很难想象得出，当早期的人类被奔腾的河流和浩翰的大海阻隔时是一种什么样的困境和心情。但是有一点是可以肯定的，那就是他们有一种想超越这一隔绝，而达到彼岸的强烈欲望，他们不仅不满足于已经熟悉的东西，而且希望与别人交流，希望了解那些对于他们来说完全陌生的东西。这一强烈的渴望就是古人制造出第一条船的基本动力，这就是独木舟发明和制造的需求，因此独木舟的发明和制造就成为了可能。

在其他许多古遗址中也先后出土过木船桨。显然船是当时人类重要的运输工具。舟楫的发明，是人类开始征服自然的标志。人们借助舟楫，延伸了自己的双脚，也扩展了自己的眼界，渔业得以发展，食物来源随之丰富，氏族部落还能打破闭塞，增加与其他部落的来往，渐渐地这种来往就有了商品交换的色彩。尽管独木舟难以抗拒狂风巨浪，但先民们仍冒着葬身鱼腹的危险，大胆的用它飘洋过海，展示着生命的顽强与坚韧。

中国的独木舟要追溯到黄帝时期，到了春秋时期，吴国被称为"不能一日废舟楫之用"的国家，越王勾践则骄傲的将越国水乡的居民描述为"以船为本，以楫为马，往若飘风"，真是如同仙人般

地潇洒。到了西汉，船只的多少甚至成了国力强弱的象征。

独木舟和桨划船使用的是天然材料建造，是一种以人力为动力的船，由于，造船的材料和人力是有限的，因而，这种船航行的距离不会很远，也不会有较大的排水量，因而船的载重也是有限的。

巧借风能的帆船

人类在水上航行的历史大概在六七千年以前就开始了，古人那时使用的是独木舟、或木桨船，独木舟和木桨船的特点是，用自然材料制成，用人工划桨作动力。这样的船是不能远行的，虽有极少的人可以用这种船漂洋过海，但却是满足不了人们向海洋进发的需求，于是，出现了用风做动力的帆船。

目前，我们无法知道最早的帆船是什么时候发明的，是什么人发明的，是什么时候建造的。究竟是谁发明了风帆？并把他安装到船上了？

以前的人们只能利用划桨来驱动船，风帆的发明，使人类克服了体力上的局限，开始利用自然的力量来推动人类前进的步伐。

我们通过考古信息可以推测，最早的一艘帆船是公元前3900多年为埃及法老王奥普斯的葬礼而建造的，而在埃及同一时代的壁画上，也看到类似的帆船。这些早期的埃及船，都是单桅的帆船，每一艘船上只张挂一面长方形的帆，帆是固定的，也不能转动，所以风的利用效率也是很低的。

风帆把风力汇集起来，再作用到桅杆上，带动船在水上漂行。这是人类驾驭自然力量为自己工作的第一种方法。公元前3000年出现了带帆的芦苇船，公元前2000年，出现了有龙骨的木船。这两种船是地中海东部的各族人当时进行沿海贸易的运输工具。

船帆发明以后，船只便能够借着风力航行。可是，由于风的方向和大小经常不是固定的，所以一艘帆船，往往配有划桨的设备，以备在风力不足或风向不对的时候使用。

帆的形状至公元500年左右，出现了崭新的设计。当时的阿拉伯人发现，大幅三角形帆比长方形帆好用。长方形帆只能在顺风时使用，三角形帆则在侧风时也能运用。后来古罗马的坚实商船问世，地中海式船舶的设计达到比较稳定的水准。这种帆船只在船中部设置一根桅杆，上端悬挂方形主帆，装有以前的船所缺乏的一种新的"卷帆"系统，垂直的绳索穿过缝在帆上的环节，可以像活动百叶窗那样从底部卷起或缩短帆。由于加装了前帆，启发了后人发明双桅帆船，但它仍不能逆风行驶。又过了600多年，开始出现可以逆风行驶的三角帆船，与横帆不同的是，他可以在船的横位上做幅度大得多的转向，直到它和船本身的长轴线形成一线为止，于是有人把他称作纵帆船。

为了满足刚刚进入现代西方文明时代的人们到东方去寻找财富的愿望，造船家把酒船和快帆船合并，造出了第一艘具有代表性的风帆设备完善的船，这就是三桅帆船。之后的二三百年之间，欧洲的冒险家就是用这种帆船开辟了新航道，"三次地理大发现"也是由于拥有了三桅帆船才得

以实现。从此以后，三桅帆船将原来相互隔绝的世界联系到了一起。

乘风破浪的军舰

军舰的发展历经了数千年的时期，从桨帆船的冷兵器时代发展到现代化武器时代，军舰的造船材料从木质到铁壳到钢铁装甲；动力从人工划桨和风帆动力发展到蒸汽轮机和核动力；武器装备则从冷兵器到火器，终至核武器；战斗方式的变化从最早的撞击、接舷白刃战发展到舰炮、鱼雷攻击，现代则使用导弹进行超视距攻击，军舰之间的战斗已经不再需要面对面的形式了。航空母舰的出现与发展则让海上战斗的形式起了根本性的变化，现代海战已经从水面变成水下、水面、空间的三维立体战争。

古代应用船舶进行战争由来已久，几千年前的摇桨船就可以用来运输士兵及粮草辎重。但真正意义上的用来进攻或防守的船只，还是在公元前几百年的事。

最早的桨帆战船为单层桨，公元前1200多年出现于埃及、腓尼基和希腊。公元前800年，单层桨战船开始装上青铜铸造的船艏冲角，用来进行海上战船间的撞击战。公元前700年，在腓尼基和希腊等国造出了两层桨战船。公元前550年，希腊最先造出三层桨战船。它长40到50米，排水量约200吨，有170枝桨，划桨时航速可达6节，顺风时可以使用风帆。主要武器为舰艏冲角，载有18到50名进行接舷战战士，战士携带矛、剑、弓、标枪和盾牌；无武装桨手170人。此后，三层桨战船成为地中海沿岸各国海军舰队的主力，并持续了十几个世纪。

那时的战船是木制的，其船的动力也是人力摇桨的，这样的船起初只是运载兵士，战船上也没有什么火力武器，军士们应用船的冲撞，把敌船撞沉，或当两船接近时，士兵登上敌船厮杀。

据史料记载，公元前3世纪与2世纪，希腊战舰大多数的桨或全部的桨都是将其转轴装在一个大的舷外支架上，而不是装在船身上。船身内具有单桨的舱口，摇桨的兵士们只想一有机会就抓住敌船，然后把军队开入甲板上，这样就可以使海战改变为可应用他们所擅长的步兵战术的战斗。后来，有的船也装备了古老的弹射器、抛石机等武器。

阿基米德建造了一种舰用弹射器，每个可发射重78.5公斤的石头或5.5公尺长的标枪。标枪多半只是砍伐中等大小的树的大枝，并将树干装上铁的尖头而制成。这类弹射物能够打穿船壳并使船沉没，也可以杀伤敌方摇桨的水手，以减少敌方兵船的动力。

14世纪，世界上最早的金属管形火器——火铳在我国问世。据历史学家考证，在明洪武十年（1377年），我国战船已普遍装备火铳，从而开始了战船武器从冷兵器、燃烧和爆炸性火器向火炮的过渡。

世界战船从桨帆战船向风帆战船的过渡，整整持续了数个世纪。风帆战船的船体也为木质，吃水较深，干舷较高，艏艉翘起，竖有多桅帆，以风帆为主要动力，并辅以桨橹。与桨帆战船相比，风帆战船的排水量、航海性能、远洋作战能力均有了较大的提高，主要武器为前装滑膛炮，作战方法主要是双方战船在数十米至数千米距离上进行炮战，并辅以一定的接

舰战。我国明代航海家郑和率领的庞大船队曾七下西洋，他所乘坐的最大的"宝"船，长约137米、宽约56米，有9桅12帆，装有火铳多门，是当时世界上最大的风帆海船。

到了19世纪，随着欧洲各国海上战争愈演愈烈，风帆战船得到进一步的发展。最大的风帆战船排水量已达6 000吨，装备大中口径火炮100门以上。当时，有的国家将风帆舰船依排水量的大小和火炮的多少分为六级。一至三级称为战列舰，排水量在1 000吨以上，在三层或两层甲板上装火炮70至120门。四、五级称作巡洋舰，排水量500至750吨，在两层甲板上装火炮40至64门。第六级被称作轻巡洋舰，排水量约300吨，在单层甲板上装火炮6至30门。

就在风帆战船飞速发展的同时，自19世纪初以来，蒸汽机开始作为新的动力被使用在战船上。1815年，美国建成了第一艘明轮蒸汽舰"德莫洛戈斯"号（后改称"富尔顿"号），其排水量达2 745吨，航速不到6节，装有14.5公斤炮32门。早期的蒸汽船都是由明轮推进的，但明轮船在海战中使用却受到很大限制，一是庞大的明轮和部分机器暴露在敌人的火力之下，因而在战斗中极易受到炮火的毁坏；二是明轮布置舰舷两侧，占据了用于安装火炮的宝贵空间。

1929年，奥地利人约瑟夫·莱塞尔发明了可实用于船舶的螺旋桨，并经由瑞士工程师约翰·埃里克森等人进行了改进，从而克服了明轮的缺点，使得蒸汽机能够装置于舰船吃水以下的舱室。螺旋桨推进器出现后，蒸汽机逐步成为战舰的主动力装置，从而使战舰发生了一系列崭新的变化。由于蒸汽战船改变了对风速、风向和潮流的依赖，风帆战船时代宣告终结。与此同时，舰上火炮也得到迅速发展。一是火炮口径不断加大；二是发明了威力巨大的"爆破弹"；三是出现了线膛炮，火炮射击精度大大提高。性能优越的火炮对木质船舷产生灾难性的打击。为此，大型舰船开始装设舷部和甲板的装甲防护带，以抵挡敌舰炮火的攻击，铁甲战舰由此问世。

1859年，法国建成了"光荣"号铁甲舰。该舰排水量5 617吨，装备

36门舰炮，装甲厚11厘米，装甲后面用大肋木支撑。铁甲战舰被广泛应用到海战后，很快就显示出与众不同的特点与威力。在1862年的美国南北战争中，南军专门改装修造了"梅里马克"号战舰。该舰原来船身吃水线以上部分被全部去掉，在船中部装置了矮而平的炮台，四面用半米多厚的木板作壁，最外层包有厚铁板。一次海战中，"梅里马克"受到北军两艘战舰及沿岸炮台的疯狂炮击。但令人吃惊的是，炮弹大部分竟被弹了回去，"梅里马克"号未受任何损伤，照样高速前进。轮到"梅里马克"号还击了，它怒吼几声，炮弹随即砸落到北军木质战舰上，顿时火光冲天，炸声四起。正当北军难以招架之时，一艘由北军精心设计的"莫尼多尔"号战舰及时赶到。这种新式装甲战舰的船身在海面上仅露出半米，船舷吃水线以上包着5层2.5毫米的铁板，甲板上也包有铁皮。甲板中央的旋转炮台采用8层2.5毫米的铁板包裹。尽管"莫尼多尔"号比"梅里马克"号小得多，但它凭借厚装甲和灵活性，四处出击、顽强迎战，很快改变了北军被动挨打的局面。这场铁甲舰间的典型战例，表明铁甲战舰具有良好的防弹能力和相当强的作战能力。

而随着铁甲战舰的出现，来复线炮管和爆破弹也被用于各海上强国的战舰上。来复线炮比滑膛炮具有更高的命中概率，爆破弹也比散弹或实心弹更具威力。为了抵御更加猛烈的炮火，战舰的铁甲也越来越厚。最终，钢铁逐步成为了主要的造船材料，从而使得战舰结构更加坚固耐用，排水量也增至万吨以上。

与此同时，水雷和鱼雷等专门的海战武器陆续发明并装备于战舰上。1877年，英国研制出了第一艘鱼雷艇。1892年，俄国研制成布雷舰。很快，各国海军纷纷仿效，也先后研制出了本国的鱼雷艇和布雷舰。水雷和鱼雷的应用增强了海军的战斗力。各国海军为了对付鱼雷、水雷所带来的新威胁，开始为其大型战舰设置了水下防雷结构。1893年，英国建成了专门对付鱼雷艇的鱼雷炮舰。正是这种鱼雷炮舰，后来逐渐演变成为了今天的驱逐舰。我国从19世纪60年代开始购买和设厂建造近代舰艇。1889年建成"平远"号巡洋舰，排水量 2 100 吨，航速 14 节，装备舰炮 12 门。1902 年建成"建威"号鱼雷快船（即驱逐舰），排水量 850 吨，航速 23 节，装备舰炮 9 门和鱼雷发射管数具。

1860 年，英国铁甲舰"勇士"号下水。该舰满载排水量 9 210 吨，舰速 14 节，帆机并用时航速可达 17 节。舰上装有 40 门火炮，其中发射 50 公斤炮弹、炮尾装填的线膛炮 10 门，发射 31 公斤炮弹、炮口装填的滑膛炮 26 门；后甲板上还有发射 18 公斤炮弹、炮尾装填的线膛 4 门。舰上装有 4 台 920 千瓦的蒸汽机。"勇士"号的下水，标志着木壳战列舰漫长时代的结束，现代化的舰船开始游弋于波涛之间。

二战以后，军舰在高科技的装备下飞速发展。现代海军的军舰是在海上执行战斗任务的船舶。直接执行战斗任务的叫战斗舰艇，执行辅助战斗任务的是辅助战斗舰艇。

军舰被认为是国家领土的一部分，在外国领海和内水中航行或停泊时享有外交特权与豁免权。军舰中战斗舰艇种类最多，它又分为水面舰艇和潜艇两大类。水面舰艇包括：航空母舰、战列舰、巡洋舰、驱逐舰、护卫舰、护卫艇、鱼雷艇、导弹艇、猎潜艇、布雷舰、扫雷舰、登陆舰、两栖

攻击舰等；潜艇则有攻击型潜艇和战略潜艇等。辅助战斗舰艇又称勤务舰艇，主要用于战斗保障、技术保障和后勤保障，它包括：军事运输舰船、航行补给舰船、维修供应舰船、医院船、防险救生船、试验船、通信船、训练船、侦察船等。

海洋测量船与工程船

海洋测量船是一种能够完成海洋环境要素探测、海洋各学科调查和特定海洋参数测量的船只。凡是能够完成海洋空间环境测量任务的船舶，均可称为海洋测量船。早期的测量船仅仅能完成单一的海洋水深测量，主要用于保障航道安全。随着社会的进步和科学技术的发展，海洋测量从单一的水深测量拓展到海底地形、海底地貌、海洋气象、海洋水文等方面，还涉及到地球物理特性、航天遥

感和极地参数测量。现代海洋调查船综合作业能力很强，不同学科、不同专业领域的任务互相交叉，在完成主要使命任务的平台上，同时具备相当广泛的通用海洋参数测量能力。海洋测量船主要包括海道测量船、海洋调查船、科学考察船、地质勘察船、航天测量船、海洋监视船、极地考察船、综合测量船等。

工程船是用于近岸海区及江河湖泊水域工程施工的船只。包括：用于筑港的起重船、打桩船、管柱施工船、水下基础整平船、多用途作业平台、钻探船、爆破钻孔船、混凝土搅拌船、潜水工作艇、抛石驳和抛沙驳等；用于疏浚的耙吸式、绞吸式、链斗式、抓斗式挖泥船，铲石船，泥驳和石驳等。大型工程船排水量为1—2万吨，最小的仅几十吨。它们多为非自航箱式船型，主甲板上设有多台移船绞车，用以移动船位。船上的施工机械有：起重机、打桩机、钻机、抓斗和链斗挖泥机、铲石机、泥浆泵、耙吸泥管和整平机等。船上的机舱设有为施工机械提供动力的柴油机、发电机和液压泵站等。船上的控制操纵室内设有监视仪器、仪表，有的还装有自动操作系统。工程船的主要作业内容是：修建军港、商港、助航设施、补给设施、水下试验场和水下工事，疏浚港池、航道和锚地，设置或排除水中障碍物等。

帆船

风是一种能量，自古以来人类就发现并利用风做功。风车就是利用风能实现做功的机械装置。而人类使用风帆是人类利用自然风能的又一重大成果。

据考证在8 000年前，古埃及尼罗河上，即有用芦草束成的船筏，这种船筏可能就是现代帆船的前身。

风帆的使用，大约起源于居住在大海和江河区域的古代人类。公元2世纪，地中海各国因军事需要，制造出以奴隶摇桨吆

喝，并配合小风力风帆推进的战舰。

公元八世纪以后，海上贸易发达，侧风航行的罗马商船应运而生。

公元13世纪西班牙人和葡萄牙人开始建造一种名叫轻帆的船，起初主要用作渔船，由于性能良好，不久就广泛应用于其他方面。

15世纪初期，中国明代郑和率领庞大船队7次出海，到达亚洲和非洲30多个国家。

迪亚斯1488年发现好望角，哥伦布1492年发现新大陆，达·伽马1498年穿过印度洋到达亚洲，麦哲伦1519—1522年间完成第一次环球航行，用的都是这种帆船。

自蒸汽船出现以后，帆船因风力、风向的局限性，和动力的原因，因而渐渐退出了大海的黄金水道。

到了现代，由于能源危机的原因，科学家们又企图开发利用风能的现代帆船。至今，已有许多成果给人类传来了喜讯，科学家们已经成功实验了借助风力的风筝船，和不受风向影响的垂直轴硬帆帆船，据悉，不久使用风帆的新一代帆船一定会恢复昔日的辉煌。

帆船运动

帆船是水上运动项目之一。帆船比赛是运动员驾驶帆船在规定的场地内比赛速度的一项运动。

帆船运动中，运动员依靠自然风力作用于船帆上，驾驶船只前进，是一项集竞技、娱乐、观赏、探险于一体的体育运动项目。它具有较高的观赏性，备受人们喜爱。

现代帆船运动已经成为世界沿海国家和地区最为普及而喜闻乐见的体育活动之一，也是各国人民进行体育文化交流的重要内容。

经常从事帆船运动，能增强体质，锻炼意志。特别是在风云莫测，海浪、气象、水文条件的不断变化中，迎风斗浪，能培养战胜自然、挑战自我的拼搏精神。

帆船起源于欧洲，其历史可以追溯到远古时代。帆船是人类向大自然作斗争的一个见证，帆船历史同人类文明史一样悠久。帆船作为一种比赛项目，最早的文字记载见于1 900多年以前古罗马诗人味吉尔的作品中。到了13世纪，威尼斯开始定期举行帆船比赛，当时比赛船只没有统一的规格和级别。

现代帆船运动起源于荷兰。古代的荷兰地势很低，所以开凿了很多运河，人们普遍使用小帆船运输或捕鱼。这种小船是由一棵独木或用木排、竹排编制而成，这是世界上最早的帆船。

1662年，英王举办了一次英国与荷兰之间的帆船比赛，比赛路线是从格林威治到格来乌散德再到格林威治。这是早期规模较大的帆船比赛。18世纪，帆船俱乐部和帆船协会相继诞生。1720年前后，英、美、瑞典、德、法、俄等国家先后成立了帆船俱乐部或帆船竞赛协会，各国之间经常进行大规模的帆船比赛。如1870年美国和英国举行了第1届著名的横渡大西洋"美洲杯"帆船比赛。1900年举行第一次世界性的大型帆船赛。

　　1906年，英国的B·史密斯和西斯克·史坦尔专程去欧美各国与帆船领导人商谈国际帆船的比赛等级和规则，并提议创立国际帆船竞赛联合会。1907年，世界第一个国际帆船组织——国际帆船联合会正式成立。国际帆联全称International Sailing Federation，简称"ISAF"。ISAF是世界上最大的单项体育联合会之一，现有122个会员国（或地区）管辖了81个帆船级别。ISAF下设国际残疾人帆船运动联合会（IFDS），从事残疾人帆船运动。

秋季 QIU JI
里的节日、纪念日
I DE JIE RI JI NIAN RI

秋季里有很多节日和纪念日，这些节日、纪念日与我们息息相关，又具有科学意义，在这些节日、纪念日的庆祝、纪念活动中，为我们亲近自然，走进科学提供了机会，让我们充分利用这种资源，积极地参与这些庆祝、纪念活动吧！

中国抗战胜利纪念日：9月3日

　　1945年9月2日，参加对日作战的同盟国代表接受日本投降签字仪式在停泊于日本东京湾的美军军舰"密苏里"号上举行。日本代表在无条件投降书上签字，中、美、英、苏等9国代表相继签字。至此，中国抗日战争胜利结束，世界反法西斯战争也落下帷幕。

　　9月3日是中华民族近代史上第一个值得扬眉吐气的日子，也是全世界反法西斯战争取得胜利的日子。有关这个纪念日的历史由来是这样的：1945年8月14日，日本政府照会中、美、英、苏四国政府，接受《波茨坦公告》，无条件投降。8月15日晨7时（即北京时间晨7时），四国政府同时宣布接受日本政府无条件投降。9月2日，日本签署投降书。

　　1951年8月13日，中华人民共和国中央人民政府政务院发出由周恩来总理签署的通告，确定抗日战争胜利纪念日为9月3日。通告指出：本院在1949年12月23日所公布的统一全国年节和纪念日放假办法中，曾以8

月15日为抗日战争胜利日。查询日本实行投降，是在1945年9月2日日本政府签字于投降条约以后。故抗日战争胜利纪念日应改定为9月3日。

🌾 国际扫盲日：9月8日 🌾

国际扫盲日是联合国教科文组织在1965年11月17日召开的第14届代表大会上所设立的。日期为每年的9月8日，旨在动员世界各国以及相关国际机构重视文盲现象，与文盲现象作斗争，并促进世界各国普及初等教育，提高初等教育的水平，使适龄儿童都能上学，达到能够识字的目的。最终达到增进人际沟通，消除歧视，促进文化传播和社会发展的目标。

在国际社会的共同努力下，目前扫盲工作取得了显著的成绩。根据联合国教科文组织的统计，过去几年，成年人的文盲数量从1985年至1994年的8.17亿减少到2000年至2006年的7.76亿。同时全球识字率则由上一时期的76%上升到84%。但是，全世界的扫盲任务依然严峻。联合国秘书长潘基文在2008年国际扫盲日的致辞中指出，目前全世界约有7.74亿成年人是文盲，有7 500万适龄儿童未能入学，还有数百万青年过早离开学校。因此潘基文呼吁，各国政府、联合国和民间社会要将口号变成更有力的行动，将扫盲行动进行下去，全民扫盲将造福全民。

🌾 中国教师节：9月10日 🌾

教师节是我国仅有的包括护士节、记者节在内的三个行业性节日。自1931年以来，我国在不同历史时期共有过4种不同日期和性质的教师节。我国历史上最早出现的教师节是在1931年。当时，教育界知名教授邰爽秋、程其保等联络京、沪教育界人士，拟定每年6月6日为教师节，并发

表《教师节宣言》，提出改善教师待遇、保障教师工作、增进教师修养三项目标。这个教师节没有被当时的国民党政府承认，但在全国各地产生了一定影响。1951年，中华人民共和国教育部和中华全国总工会共同商定，将教师节与"五一"国际劳动节合并一起作为我国教师节。由于种种原因，教师节实际上并未实行。

为了发扬"尊师重教"的优良传统，提高教师地位，1985年1月21日，在第6届全国人大常委会第9次会议上正式通过国务院关于建立教师节的议案，确定每年9月10日为中国的教师节。从此以后，教师便有了自己的节日。

世界预防自杀日：9月10日

2003年9月10日被世界卫生组织定为首个"世界预防自杀日"，为了让公众对自杀引起关注，世界卫生组织和国际自杀预防协会呼吁各国政府、预防自杀协会和机构、当地社区、医务工作者以及志愿者们，加入到当天的各项地方性行动中，共同提高公众对自杀问题的认识以及降低自杀率的意识。首个"世界预防自杀日"的口号为"自杀一个都太多"。

据统计，2000年全球约100万人自杀死亡，自杀未遂者则为此数字的10至20倍。这意味着平均每40秒就有一人自杀身亡、每3秒就有一人企图自杀。自杀，已从个人行为演变成威胁人类发展的一大隐患。其中，男性自杀率最高的国家有：立陶宛、俄罗斯联邦、拉脱维亚和爱沙尼亚等；女性自杀率最高的国家为：斯里兰卡、中国、匈牙利和爱沙尼亚等；部分非洲和拉丁美洲国家自杀率却非常低，如秘鲁、埃及等。

按照世界卫生组织制定的国际标准，每年自杀发生率每10万人中少于10人的，为低自杀率国家，每10万人中高于20人的，为高自杀率国家。在1993年以前的统计中，中国属于低自杀率国家。

1993年，世界卫生组织和中国卫生部在北京联合召开了"高层精神卫生研讨会"。在这次会议上，世界卫生组织公布的报告中显示，中国的自杀率为每10万人中约有22.2人自杀，中国已经成为高自杀率国家。生命的权利只有一次，导致施行自杀者选择如此极端的方式对待生命的原因是复杂的，但有一点可以肯定：爱，是让自杀者悬崖勒马的一剂良方。

世界清洁地球日：9月的第三个周末

世界清洁地球日又名世界清洁日，是全球性清洁活动，由澳大利亚的国际环保组织Clean Up the World的伊恩基南发起，时间定在9月的第三个周末，现为全球最重要的环境保护活动之一，每年全世界有超过125个国家、4 000万人参加这个活动。2006年的世界清洁日活动时间为9月15日至17日3天。也有参与组织和个人把每年的9月14日作为活动时间。

随着工业化的发展，工业废料和生活垃圾的日渐增多，地球有限

的自净能力已难以承受日渐沉重的压力。例如我们常用的泡沫快餐饭盒，由于它不能自行分解，对于地球来说，就是一种永远无法消除的"白色污染"。又如，我们日常用的汽油、柴油等燃料，也是污染地球环境的元凶之一。为了保持地球家园的清新宜人，大家要从我做起，不乱扔杂物，减少能源污染，维护地球的清洁，这就是确定世界清洁地球日的意义。

国际臭氧层保护日：9月16日

　　随着人类活动的加剧，地球表面的臭氧层出现了严重的空洞，1974年被美国加利福尼亚大学的教授罗兰和穆连发现。1987年9月16日，全球46个国家的代表在美国纽约签署《关于消耗臭氧层物质的蒙特利尔议定书》（目前已有170多个国家签署），标志着各国对保护臭氧层的具体行动即将开始。1995年1月23日，联合国大会通过决议，确定从1995年开始，每年的9月16日为"国际保护臭氧层日"。旨在纪念1987年9月16日签署的《关于消耗臭氧层物质的蒙特利尔议定书》。

　　臭氧层是指距离地球25—30公里处臭氧分子相对富集的大气平流层。

它能吸收99%以上对人类有害的太阳紫外线，保护地球上的生命免遭短波紫外线的伤害。所以，臭氧层被誉为地球上生物生存繁衍的保护伞。

臭氧层破坏是当前人类面临的全球性环境问题之一，自20世纪70年代以来就开始受到世界各国的关注。联合国环境规划署自1976年起陆续召开了各种国际会议，通过了一系列保护臭氧层的决议。尤其在1985年发现了在南极周围臭氧层明显变薄，即所谓的"南极臭氧洞"问题之后，国际上保护臭氧层的呼声更加高涨。中国政府也于1989年和1991年分别签定了《保护臭氧层维也纳公约》和《关于消耗臭氧层物质的蒙特利尔议定书》，成为缔约国。

中国脑健康日：9月16日

随着科学技术的进步和医学的发展，人类对大脑的研究有了许多突破。人们对脑健康更加了解，也更引起人们的关注。国际脑研究组织第4届神经科学大会，把二十一世纪称为"脑的世纪"。

近年来，我国神经系统和精神疾病发病率呈逐年上升之势，根据权威部门公布的数据，我国的脑病患者逐渐增加，目前已达400余万例。这已引起了社会各界的广泛关注。中国医促会脑健康专业委员会百余位著名专家发出倡议，将每年9月16日定为"脑健康日"。

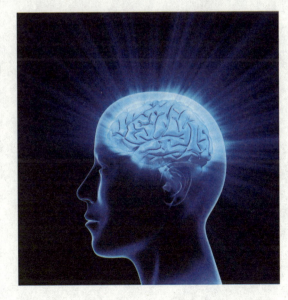

人的整个生命是由人体"司令部"——大脑管理的，如果大脑开始衰老，就意味着身心开始衰退。而在现实生活中，由于长期用脑过度、脑外伤、脑梗塞、脑血管畸形，或长期饮酒、营养不良、甲状腺功能病变等，都容易引起脑部疾病。

小贴士

研究显示做梦有助提高思考能力及创造力

睡眠时人们经常处于梦境，这种梦境是大脑的一种活动。当你遇到难题苦思冥想却不得其解时，不妨睡一觉，答案很可能就出现在梦醒时分。美国一项最新研究显示，人做梦时可以使大脑在不相干事物之间建立联系，从而提高思考能力。

研究结果显示，睡眠是一个创造的过程。他们引述19世纪德国一位化学家的话说："我们要学会做梦。"

这项研究由美国加利福尼亚大学睡眠研究专家萨拉·梅德尼克主持。研究报告发表在美国《国家科学院学报》网站上。

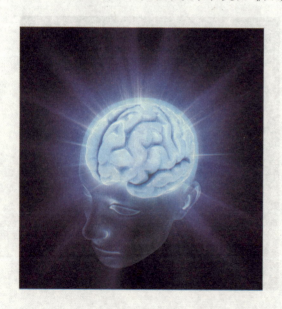

这位已经花数年时间研究睡眠的专家还用自身经历说明睡眠的神奇效果。梅德尼克业余时间喜欢创作歌曲。她说自己曾尝试从"黄铁矿"这个词联想出一首爱情歌曲的歌词。在一个半小时睡眠后，她创作出歌词，歌曲题目为"像黄铁矿那样去爱"。

梅德尼克说，关于一觉

醒来豁然开朗的奇闻趣事并不罕见。很多人都有过这种经历：苦思冥想一个问题，在想不出答案后把问题放到一边，然后在睡过一觉后，问题迎刃而解。

其实，做梦可以激发创造力并非新提法，但是这项新研究使人们对这种现象有了进一步了解。

从睡梦中获得灵感的人不在少数。麦克拉奇报业集团在一篇与梅德尼克研究相关的报道说，天才作曲家莫扎特曾说："我总是梦到音乐，我创作的所有音乐都来自梦中。"

著名冒险小说《金银岛》作者、苏格兰作家罗伯特·路易斯·史蒂文森称，他1886年出版的小说《化身博士》的创作灵感来自于梦中。

钢琴家弗拉迪米尔·霍罗威茨和列昂尼德·汉布罗都说，他们在梦中发现弹奏复杂音乐段落的技法。

缝纫机发明者伊莱亚斯·豪说，他梦到拿着长矛的土著人，长矛尖上有孔，这个梦使他想到在缝纫机针的针头上打孔。

这篇报道还说，1970年一个针对数学家的问卷调查中，超过半数受访者说，至少有一个问题是在梦中找到答案。

全国爱牙日：9月20日

1989年，由卫生部、教委等部委联合签署，确定每年的9月20日为全国爱牙日。

全国爱牙日的宗旨是：通过爱牙日活动，广泛动员社会的力量，在群众中进行牙病预防以及牙齿知识的普及教育，增强口腔健康观念和自我口腔保健的意识，建立口腔保健行为，从而提高全民族的口腔健康水平。

中国的龋病、牙周病患者众多。1982年全国中小学生龋齿与牙周疾病调

查数据显示：学生口腔卫生不良率城市为65%—85%，农村为70%—90%。而口腔保健的人力、物力、财力十分有限，因此，解决牙病问题的根本出路在于预防。建立爱牙日是加强口腔预防工作，落实预防为主要方针的重要举措。

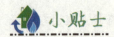

正确刷牙的好方法

日常生活中，人们虽然每天都刷牙，可是有相当一部分人却不懂得如何正确刷牙，所以学会正确刷牙对保持个人的口腔卫生极为重要。刷牙是保持口腔清洁的主要方法，它能消除口腔内软白污物、食物碎片和部分牙面菌斑，而且有按摩牙龈作用，从而减少口腔环境中致病因素，增强组织的抗病能力，刷牙对于预防各种口腔疾病，特别是对于预防和治疗牙周病和龋病等，具有重要的作用。

下面介绍几种好的刷牙方法，帮助你养成良好的刷牙习惯：

一、竖刷法。竖刷法就是将牙刷毛束尖端放在牙龈和牙冠交界处，顺着牙齿的方向稍微加压，刷上牙时向下刷，刷下牙时向上刷，牙的内外面和咬合面都要刷到。在同一部位要反复刷数次。这种方法可以有效消除菌斑及软垢，并能刺激牙龈，使牙龈外形保持正常。

二、颤动法。颤动法指的是刷牙时刷毛与牙齿成45度角，使牙刷毛的一部分进入牙

龈与牙面之间的间隙，另一部分伸入牙缝内，来回做短距离的颤动。当刷咬合面时，刷毛应平放在牙面上，作前后短距离的颤动。每个部位可以刷2—3颗牙齿。将牙的内外侧面都刷干净。这种方法虽然也是横刷，但是由于是短距离的横刷，基本在原来的位置作水平颤动，同大幅度的横向刷牙相比，不会损伤牙齿颈部，也不容易损伤到牙龈。

三、生理刷牙法。生理刷牙法指的是牙刷毛顶端与牙面接触，然后向牙龈方向轻轻刷。这种方法如同食物经过牙龈一样起轻微刺激作用，促进牙龈血液循环，有利于使牙周组织保持健康。

总之，刷牙要动作轻柔，不要用力过猛，但要反复多次。牙齿的每个面都要刷到，特别是最靠后的磨牙，一定要把牙刷伸入进去刷。如果将前面的几种方法结合起来应用，则效果会更好。每次刷完牙，如果不放心，还可以对着镜子看一看是否干净了，只有认真对待，才能保证刷牙的效果。

要想保证口腔健康，除了有正确的刷牙方法外，合适的刷牙工具也是必不可少的装备。选择牙刷时应注意以下几点：（1）刷头小，在口腔中转动灵活。（2）刷毛排列合理，一般是2—3排，便于清洁牙齿和刷牙后牙刷本身清洗。刷毛应选用优质尼龙丝，细而有弹性。（3）刷毛的顶端呈圆形，刷牙时不易损伤牙齿和牙龈。（4）牙龈萎缩需要用牙间刷。（5）电动牙刷，现在已越来越受青睐。它的好处有：按摩牙龈不正确的刷牙方式令我们的牙龈常常备受煎熬。电动牙刷高速旋转而产生的轻微振动，不仅

能促进口腔的血液循环，对牙龈组织也有意想不到的按摩效果。实验证明，电动牙刷能减少六成左右的刷牙力度，令牙龈炎与牙龈出血程度下降62%，让刷牙过程更加安全有效。

🐚 国际和平日：9月21日 🐚

联合国大会于1981年通过决议，将每年9月的第三个星期二联大开幕的日子定为国际和平日。2001年9月7日，联大通过第55/282号决议，决定从2002年开始，将每年的9月21日定为国际和平日。大会宣布，国际和平日为全球停火和非暴力日，并呼吁所有国家和人民在这一天停止敌对行动。大会还号召所有会员国、联合国系统各组织、区域组织和非政府组织以及个人，通过教育和公众宣传等适当方式庆祝国际和平日并同联合国合作实现全球停火。

自国际和平日设立以来，每年的这一天，联合国都举行仪式，提醒所有人关注、庆祝和纪念这一日子。同时，全世界的政府和非政府机构、民

间社会和宗教团体也纷纷举行各种活动纪念国际和平日。多年来，包括联合国在内的国际社会为实现地区稳定和世界和平作出了不懈努力。然而目前在全世界范围内，战争、恐怖袭击、地区冲突等多种形式的暴力敌对活动依然存在，人类实现真正和平的理想任重而道远。

❧ 世界无车日：9月22日 ❧

当许多欧洲城市面临着由于汽车造成的空气和噪声污染日益严重的状况时，1998年9月22日，法国一些年轻人最先提出"在城市里没有我的车"的口号，希望平日被汽车充斥的城市能获得片刻的清净。这个主张也得到都市居民的热烈支持，成为全国性的运动。法国绿党领导人、时任法国国土整治和环境部长的多米尼克·瓦内夫人倡议开展一项"今天我在城里不开车"活动，得到首都巴黎和其他34个外省城市的响应。当年9月22日，法国35个城市的市民自愿弃用私家车，使这一天成为"市内无汽车日"。在9月22日这一天，有些城镇限制汽车进入，只允许公共交通、无

污染交通工具、自行车和行人进城。这个让城市得到片刻喘息的运动很快席卷了欧洲。

一年后，1999年9月22日，66个法国城市和92个意大利城市参加了第一届"无车日"活动。2000年2月，法国首创的无车日倡议被纳入欧盟的环保政策框架内。短短的几个

月时间，欧盟的14个成员国和其他12个欧洲国家决定加入欧洲无车日运动。截至目前，据不完全统计，已有37个国家的近1 500个城镇参与其中。现在越来越多亚洲和南美洲国家的城市也开始推广这项活动。刚刚步入"汽车社会"的中国也很快"引进"了无车日活动，2001年，成都成为中国第一个举办无车日活动的城市；北京、上海、武汉等众多城市也开始开展"无车日"的宣传。

全国国防教育日：9月第三个星期六

2001年8月31日，9届全国人大常委会第23次会议决定设立全民国防教育日，确定每年9月的第三个星期六为全民国防教育日。这是中国第一个以法律形式明确规定国防教育的主题节日。根据这一决定，2001年9月15日为第一个全民国防教育日。

2001年4月，9届全国人大常委会第21次会议通过国防教育法，其中第十二条规定："国家设立全民国防教育日。"

世界旅游日：9月27日

世界旅游日是由世界旅游组织确定的旅游工作者和旅游者的节日。1970年9月27日，国际官方旅游联盟（世界旅游组织的前身）在墨西哥城召开的特别代表大会上通过了将要成立世界旅游组织的章程。1979年9月，世界旅游组织第三次代表大会正式将9月27日定为世界旅游日。

选定这一天为世界旅游日，是因为世界旅游组织的前身"国际官方旅游联盟"于1970年的这一天在墨西哥城的特别代表大会上通过了世界旅游组织的章程。此外，这一天又恰好是北半球的旅游高峰刚过去，南半球的旅游旺季刚到来的相互交接时间，正是世界各国人民度假的好时节。从1980年起，有关国家每年都组织一系列庆祝活动，如发行邮票，举办明信片展览，推出新的旅游路线，开辟新的旅游点等。

确定世界旅游日的意义在于：发展国际、国内旅游，促进各国文化、艺术、经济、贸易的交流，增进各国人民的相互了解，推动社会进步。世界旅游组织每年都提出宣传口号，各国旅游组织根据宣传口号和要求开展活动。自1985年起，中国在北京、上海、重庆、成都、沈阳等城市设立主会场，并在全国各地设分会场，举办欢庆世界旅游日活动。围绕当年世界旅游组织确定的旅游活动主题开展旅游宣传活动。

国际聋人日：9月第四个星期日

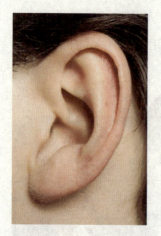

国际聋人日是世界性的聋人节日。1957年，世界聋人联合会根据欧洲各国聋人组织的倡议，决定1958年9月28日为第一个国际聋人日，并规定以后每年9月的第四个星期日为国际聋人日。

我国于1955年加入世界聋人联合会，1958年8月12日，中华人民共和国内务部、教育部、卫生部、文化部、国家体委、团中央、全国妇联、全国总工会和中国聋哑人福利会等9个单位联合发出通知，要求各地庆祝这一节日。每年此日，中国各地都为当地聋人组织多种形式的庆祝活动，如聋人文艺演出、书画展览，以及球类、棋类、田径等体育比赛等，这对活跃聋人生活、促进社会理解、支持残疾人事业，产生了积极的作用。

国际老年人日：10月1日

1990年第45届联合国大会通过决议，从1991年开始，每年10月1日为国际老年人日。人口老龄化问题引起了国际社会的关注，联合国和许多国家如中国、日本、瑞典、法国等国都组建了一些较为完善的老龄科研组织和机构，从自然科学和社会科学两个方面加强对老龄问题的综合研究。联合国于1982年在维也纳举行了第1届老龄问题世界大会，在以后16年的历届大会上都涉及了老龄化问题，并先后作出了一系列重大决议。

人口老龄化已成为当今世界的一个突出的社会问题。退休人口数量增加、人类寿命延长及少子化加速已使劳动力短缺，加重了劳动人口与整个社会的负担。当前，在全世界190多个国家和地区中，约有60多个已进入"老年型"国家。目前中国60岁以上的老年人已达1.32亿，也即将进入"老年型"国家的行列。据估算，今后的50年间，老年人数大概会翻两番，从6人增加到将近20亿人。今天，每十个人中就有一个花甲老人。到2025年，全世界的老年人口将达到11.21亿。到2050年，60岁以上的老龄人口总数将近20亿，占总人口20%，并将超过14岁以下儿童人口的总数。百岁老人将从2002年的约21万增长到320万。到2050年，非洲老龄人口将从4 200万上升到2.05亿；亚洲从3.38亿增加到12.27亿；欧洲1.48亿增加到2.21亿；美洲从9 600万增加到3亿。目前全球人口老龄化最严重的国家是意大利，占总人口25%。到2150年，世界人口的1/3预计会步入花甲之年。

🌿 世界动物日：10月4日 🌿

每年的10月4日为世界动物日。世界动物日源自12世纪意大利修道士圣·弗朗西斯的倡议。他长期生活在阿西西岛上的森林中，与动物建立了"兄弟姐妹"般的关系。他要求村民们在10月4日这天"向献爱心给人类

的动物们致谢"。弗朗西斯为人类与动物建立正常文明的关系做出了榜样。后人为了纪念他，把10月4日定为世界动物日，并自20世纪20年代开始，每年的这一天，在世界各地举办各种形式的纪念活动。

　　生态学家的最初目的是希望借此唤起世人关注濒危生物，慢慢才发展为关怀所有动物。世界动物日的对象是全人类，特别是关心动物人士。庆祝"世界动物日"的宗旨在于宣传饲养动物伴侣所带来的乐趣，让公众意识到动物对人类社会所做的贡献，同时促使各个动物保护组织齐心协力，推动人们以负责任的态度饲养动物伴侣。

全国高血压日：10月8日

　　据全国统计资料显示，我国现有高血压患者已达1亿多人，每年新增300万人以上。为提高广大群众对高血压危害健康严重性的认识，引起各级政府、各个部门和社会各界对预防高血压工作的重视，动员全社会都来参与高血压预防和控制工作，普及高血压防治知识，增强全民的自我保健意识，卫生部决定自1998年起，将每年的10月8日定为全国高血压日。

　　高血压是危害人类健康最主要的慢性疾病之一，它涉面很广，危害严重，现在它不仅仅是一个健康医学问题，也对社会产生了重大的影响。20世纪70年代以来，因为非常重视在全球范围内对高血压的防治工作，相关人士建立了世界高血压联盟这一组织，这一组织是由各个国家的高血压联盟小组组成的，在各个国家的高血压联盟是由各个国家的流行病学、临床学各个方面的专家组成的。世界高血压联盟的主要任务就是教育与宣传，教育全民包括患者和医务人员要有一个科学合理的生活方式，预防高血压的发生，宣传治疗高血压的重要性等等。我国在1989年5月12号也正式成为世界高血压联盟的盟员，也成立了相应的中国高血压联盟。

 小贴士

高血压

　　高血压是最常见的心血管病，是全球范围内的重大公共卫生问题。2004年的中国居民营养与健康现状调查结果显示，我国18岁及以上居民高血压患病率为18.8%，估计全国患病人数超过1.6亿。与1991年相比，患病率上升31%，患病人数增加约7 000多万人。

　　1998年，我国脑血管病居城市居民死亡原因的第二位，在农村居首位。全国每年死亡超过100万人，存活的患者约500—600万人，其中75%以上留有不同程度的残疾，给个人、家庭和社会造成了沉重的负担。而脑卒中的主要危险因素是高血压。同时，血压升高还是多种疾病的导火索，会使冠心病、心力衰竭及肾脏疾患等疾病的发病风险增高。由于部分高血压患者并无明显的临床症状，高血压又被称为人类健康的"无形杀手"。因此提高对高血压病的认识，对早期预防、及时治疗有极其重要的意义。

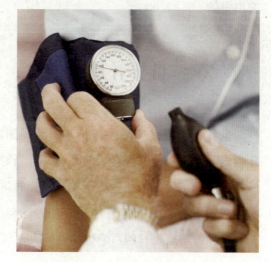

世界60亿人口日：10月12日

1999年10月12日被联合国确定为世界60亿人口日，这意味着在20世纪末，地球上的总人口突破了60亿。在20世纪的短短100年里，世界人口净增45亿，比过去几百万年历史中增长总额还多3倍！世界人口如果按照每年增加2%的速度发展，到2500年，每一平方米上就会有一个人。人口增长得太快会引起许多重大问题，所以联合国郑重其事地为此定了一个纪念日。不过，中国的计划生育使得世界60亿人口日晚了4年才到来，这是中国对世界在人口控制方面作出的突出贡献。

世界骨质疏松日：10月20日

世界骨质疏松日是在1996年由英国国家骨质疏松学会创办，从1997年由国际骨质疏松基金会赞助和支持。当时定于每年6月24日为世界骨质疏松日。其宗旨是为那些对骨质疏松症的防治缺乏足够重视的政府和人民大众进行普及教育和信息传递。随着参与国和组织活动的逐年稳定地增长，世界骨质疏松日的影响也日益扩大，到了1998年世界卫生组织开始参与并作为联合主办人，担当了一个非常重要的角色，并将世界骨质疏松日改定为每年的10月20日。

现在世界上已有100多个会员国家及组织均开展了这一活动，世界卫生组织和国际骨质疏松基金会还出版发行快讯，不定期刊登各成员国骨质疏松组织开展骨质疏松日活动的情况和经验，互相进行交流，使世界骨质疏松日这一天的活动成为了世界上举足轻重的全球盛会。

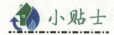 小贴士

骨质疏松症

骨质疏松症已成为困扰老年人群的主要疾病，其发病率已经紧随糖尿病、老年痴呆，跃居老年疾病第三位。骨质疏松症最大的危害是易导致骨折，与骨质疏松症相关的骨折在老年人中发病率高达30%以上。近年来年轻的都市女性中患骨质疏松症的人也越来越多，乱减肥、怕日晒、少运动是主要原因。

骨质疏松症已成为影响中老年人生活质量的流行病，其对人

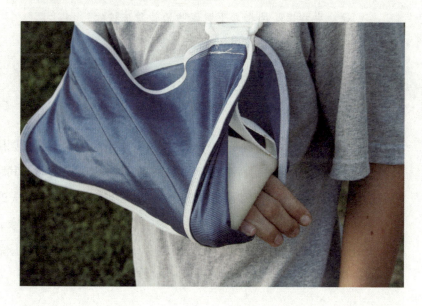

体健康的危害是多方面的，如造成腰酸背痛、变矮和驼背，影响生活质量。但其最大的危害还是容易发生骨折，发病率为27.5%—32.6%，许多患者因此致残，50%的患者需全天候生活护理，20%的患者需常年照顾。此外，还有的患者会因各种并发症而死亡，存活者也会因残疾致使生活质量大大降低，给家庭和社会带来沉重的负担。

如果不加重视骨质疏松症，因此发生骨折的病人将急剧增多，而一般人认为预防骨质疏松症是老年人的事，其实这是一种片面看法。骨质疏松症的危险在儿童时期就已存在了，预防骨质疏松应从儿童抓起。专家们提醒，任何人都可能患上骨质疏松症，骨质疏松症常常可引发其他严重的并发症。导致骨质疏松症的原因包括：遗传因素，营养失衡，活动量不足，长期酗酒、吸烟和嗜食含咖啡因的食品，以及长期服用抗生素、类固醇激素、利尿剂等药物。专业人士建议，人们平时在饮食上应多摄入含有丰富钙质及维生素D的食物，要养成进行户外运动的习惯，养成良好的生活方式，不吸烟，不酗酒，定期去医院做骨密度的测试，并在医生的指导下服用防治骨质疏松的药物。

联合国糖尿病日：11月14日

联合国糖尿病日其前身是世界糖尿病日，由世界卫生组织和国际糖尿病联盟于1991年共同发起，在每年的11月14日举行庆祝活动。其宗旨是引起全球对糖尿病的警觉和醒悟。2006年底联合国通过决议，从2007年起，将"世界糖尿病日"正式更名为"联合国糖尿病日"，将专家、学术行为上升为各国的政府行为，促使各国政府和社会各界加强对糖尿病的控制，减少糖尿病的危害。

在全球几乎每一个国家糖尿病的发病率都在上升，这种疾病是导致失明、肾衰竭、截肢、心脏病和中风的主要原因。每年因糖尿病而丧命的患者人数与因艾滋病而导致的死亡人数不相上下。

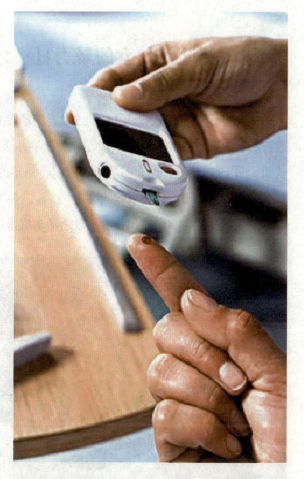

多年来，糖尿病已经发展成为危害人类健康、社会和经济发展的全球性问题。糖尿病患者的总人数每年以700多万的速度在递增。如果不采取任何措施，那么糖尿病的全球肆虐影响将超过3.5亿人口。如果消极对待糖尿病，那么它可能会威胁许多国家的医疗保健服务，并吞噬发展中国家的经济发展成果。世卫组织估计现在全世界有2.2亿多人患有糖尿病，如不进行干预，这一数字到2030年可能会增加一倍以上，近80%的糖尿病死亡发生在中低收入国家。

2010年我国疾病监测地区数据显示，我国18岁及以上居民糖尿病患病率为9.7%，据测算，糖尿病患者人数已达9 000万。其中18—59岁劳动力人口糖尿病患病率为7.8%。而18岁及以上居民糖尿病知晓率仅为36.1%。糖尿病是与生活方式最为密切的慢性病。促进健康的饮食和生活方式对预防和控制糖尿病发挥着重要作用。

消除对妇女的暴力日：11月25日

　　1999年，联合国大会将11月25日定为消除对妇女的暴力日，请各国政府、各国际组织和非政府组织在这一天举办活动以提高公众对此问题的认识。自1981年起，妇女问题活动家就将每年的11月25日定为反对暴力日。选定这一日子是因为1960年11月25日，多米尼加统治者拉斐尔·特鲁希略下令残酷谋害多米尼加共和国政治活动家米拉巴尔三姐妹。